Gestión de Proyectos

Series de Libros sobre el
CQRM Aplicado

Volumen VI

Aplicación de la Simulación de Riesgos de Monte Carlo,
Opciones Reales Estratégicas, Pronóstico Estocástico,
Optimización de Portafolios, Datos y Analítica de Decisiones

IIPER Press

IIPER
Press

Johnathan Mun, Ph.D.
California, USA

ROV Project Economics Analysis Tool

Este libro está dedicado a Jayden, Emma y Penny.

En un mundo en donde abunda el riesgo y la incertidumbre, Ustedes son las únicas constantes en mi vida.

Dedicado a la memoria amorosa de mi mamá.

Deléitate en el Señor y Él te concederá los deseos de tu corazón.

Salmo 37:4

PRÓLOGO

La Serie de Libros sobre el CQRM Aplicado expone cómo aplicar la analítica avanzada, que figura en el programa de Certificación en Gestión Cuantitativa de Riesgos (CQRM), en los problemas de negocios de la vida real. En el Volumen VI, demostramos cómo modelar y simular los riesgos en los proyectos complejos con el fin de obtener los riesgos del cronograma y los costos.

Se hace hincapié en las aplicaciones pragmáticas para así desmitificar los elementos inherentes al análisis de riesgos. Una caja negra continuará siendo una caja negra si nadie puede entender los conceptos a pesar de su poder y su aplicabilidad. Hasta tanto los métodos de la caja negra no se vuelvan transparentes, para que los investigadores puedan entender, aplicar y convencer a otros de sus resultados, valor agregado y aplicabilidad, es que los enfoques recibirán una amplia atención. Esta transparencia se logra a través de las aplicaciones paso-a-paso de la modelación cuantitativa, así como de la presentación de múltiples casos y la discusión sobre las aplicaciones en la vida real.

El presente libro va dirigido a aquellas personas que han completado el programa de certificación CQRM; pero también lo pueden consultar quienes estén familiarizados con los métodos cuantitativos básicos de investigación ¡hay algo para todos! Es un texto igualmente aplicable a nivel de segundo año de un MBA/MS o a nivel introductorio de un PhD. Los ejemplos que aparecen en el libro requieren de un conocimiento previo sobre el tema.

Para obtener información adicional sobre el programa CQRM, diríjase a los siguientes sitios Web:

www.iiper.org

www.realoptionsvaluation.com

www.rovusa.com

El Dr. Johnathan C. Mun es el fundador, presidente y CEO de Real Options Valuation, Inc. (ROV), una firma localizada al norte de Silicon Valley, California y que se enfoca en la consultoría, capacitación y desarrollo de software. Se especializa en opciones reales estratégicas, valoración financiera, simulación de riesgos de Monte Carlo, pronósticos estocásticos, optimización, analítica de decisiones, inteligencia de negocios, analítica de la salud, gestión de riesgos empresariales, gestión de riesgos de proyectos, métodos cuantitativos de investigación y análisis de riesgos. ROV cuenta con aliados alrededor del mundo incluyendo: Argentina, Beijing, Chicago, China, Colombia, Ghana, Hong Kong, India, Italia, Japón, Malasia, Ciudad de México City, Nueva York, Nigeria, Perú, Puerto Rico, Rusia, Arabia Saudita, Shanghái, Singapur, Eslovenia, Sur África, Corea del Sur, España, Reino Unido, Venezuela y Zúrich, entre otros. ROV también tiene una oficina local en Shanghái.

A su vez, El Dr. Mun preside el Instituto Internacional de Educación Profesional e Investigación (IIPER), una organización acreditada mundialmente e integrada por profesores provenientes de importantes universidades alrededor del mundo y que otorga la Certificación en Gestión Cuantitativa de Riesgos (CQRM) y la Certificación en Gestión de Riesgos (CRM), entre otras. El Dr. Mun es el creador de varias herramientas poderosas de software, entre las que se encuentran: Risk Simulator, Real Options SLS Super Lattice Solver, Modeling Toolkit, Project Economics Analysis Tool (PEAT), Credit Market Operational Liquidity Risk (CMOL), Employee Stock Options Valuation, ROV BizStats, ROV Modeler Suite (Basel Credit Modeler, Risk Modeler, Optimizer, and Valuator), ROV Compiler, ROV Extractor and Evaluator, ROV Dashboard, ROV Quantitative Data Miner y otras aplicaciones de software así como el DVD de Capacitación en Análisis de Riesgo de ROV. Realiza seminarios públicos sobre análisis de riesgos y programas de CQRM. Cuenta con más de 21 patentes registradas y hay otras pendientes a nivel mundial. Ha escrito más de 26 libros publicados por John Wiley & Sons, Elsevier Science, IIPER Press, y ROV Press, incluyendo múltiples volúmenes de la Serie de CQRM Aplicado (IIPER Press, 2019-2020),

Modelación de Riesgos, Aplicando la Simulación Monte Carlo, Opciones Reales Estratégicas, Pronósticos Estocásticos, Optimización de Portafolios, Analítica de Datos, Inteligencia de Negocios y Modelación de Decisiones, Primera Edición (Wiley, 2006), Segunda Edición (Wiley, 2010), y Tercera Edición (ROV Press, 2015); *The Banker's Handbook on Credit Risk (2008)* [Manual del Banquero sobre Riesgo Crediticio]; *Advanced Analytical Models* [Modelos Analíticos Avanzados]: *250 Applications from Basel Accord to Wall Street and Beyond (Wiley 2008 y Thomson–Shore 2016)* [250 aplicaciones desde los Acuerdos de Basilea hasta Wall Street y Más Allá]; *Real Options Analysis: Tools and Techniques, First Edition 2003, Second Edition 2005, Third Edition 2016* [Análisis de las Opciones Reales: Técnicas y Herramientas] *Real Options Analysis Course: Business Cases -2003* [Curso de Análisis de Opciones Reales: Estudios de Caso (2003); *Applied Risk Analysis: Moving Beyond Uncertainty 2003* [Análisis Aplicado del Riesgo: Más Allá de la Incertidumbre -2003] y *Valuing Employee Stock Options - 2004* [Valoración de las Opciones sobre las Acciones de los Empleados]. Sus libros y software se utilizan en más de 350 de las mejores universidades del mundo, incluyendo: el Instituto Bern en Alemania, la Universidad Chung-Ang en Corea del Sur, la Universidad de Georgetown, ITESM en México, MIT, Escuela de Postgrados de la Marina Estadounidense, Universidad de Nueva York, Universidad de Estocolmo en Suecia, Universidad de los Andes en Chile, Universidad de Chile, Universidad de Hull, Universidad de Pennsylvania, Escuela Wharton, Universidad de Nueva York en el Reino Unido y la Universidad de Edimburgo en Escocia, entre otras.

En la actualidad, el Dr. Mun se desempeña como profesor de riesgos, finanzas y economía. Ha dictado cursos en gestión financiera, inversiones, opciones reales, economía y estadística a nivel universitario y de postgrado a nivel de Maestrías, Maestría en Administración de Empresas y Doctorados. Enseña y ha enseñado en universidades alrededor del mundo desde la Escuela de Postgrados de la Marina Estadounidense (Monterrey, California) y la Universidad de Ciencia Aplicadas (Suiza y Alemania) como profesor titular, hasta la Universidad de Golden Gate (California) y la Universidad de St. Mary (California). Ha presidido varias tesis de grado en investigación dentro de los MBA y en los comités de disertación de los Doctorados. Igualmente dicta semanalmente cursos públicos en Análisis de Riesgos, Análisis de Opciones Reales y Análisis de Riesgos para Gerentes, en donde los participantes pueden obtener certificaciones de realización del CRM y el CQRM. Es asociado principal del Centro Magellan e integra la Junta de Estándares de la Academia Norteamericana de Gestión Financiera.

Se desempeñó como Vicepresidente de Analítica en Decisioneering, Inc., en donde lideró el desarrollo de productos de software de opciones y analítica financiera, consultoría analítica, capacitación y soporte técnico y en dónde además fue el creador del software *Real Options Analysis Toolkit*, el más antiguo y menos poderoso antecesor del software *Real Options Super Lattice*. Antes de vincularse a Decisioneering, fue Gerente de Consultoría y Economista Financiero del área de Servicios de Valoración y de Finanzas Globales en KPMG Consulting y Gerente del área de Servicios de Consultoría Económica en KPMG LLP.

Cuenta con una amplia experiencia en modelación econométrica, análisis financiero, opciones reales, análisis económico y estadística. Durante su permanencia en Real Options Valuation, Inc., Decisioneering y KPMG Consulting, enseñó y asesoró distintos asuntos relacionados con opciones reales, análisis financiero, pronóstico financiero, gestión de proyectos y valoración financiera a más de 100 compañías multinacionales (entre sus clientes antiguos y actuales se encuentran: 3M, Airbus, Boeing, BP, Chevron Texaco, Financial Accounting Standards Board, Fujitsu, GE, Goodyear, Microsoft, Motorola, Northrop Grumman, Pfizer, Timken, Departamento de Defensa de los Estados Unidos, la Marina de los Estados Unidos y Veritas, entre muchas otros). Antes de vincularse a KPMG traía una experiencia como Director de Planeación Financiera y Análisis en Viking Inc. y en FedEx realizó trabajos de pronósticos financieros, análisis económico e investigación de mercado. Anterior a eso trabajó de manera independiente en planeación y consultoría financiera.

El Dr. Mun tiene un PhD en finanzas y economía de la Universidad de Lehigh en donde sus áreas de investigación e interés académico giraron alrededor de la inversión financiera, la modelación econométrica, las opciones financieras, las finanzas corporativas y la teoría microeconómica. Igualmente tiene un MBA, una Maestría en Ciencias de la Gestión y una Licenciatura en Ciencias (BS) en biología y física. Está certificado en Gestión de Riesgos Financieros, Consultoría Financiera y en Gestión Cuantitativa de Riesgos. Es miembro de American Mensa, *Phi Beta Kappa Honor Society*, y *Golden Key Honor Society,* así como de muchas otras organizaciones profesionales tales como: las Asociaciones Financieras del Este y del Sur, la Asociación Estadounidense de Economía y la Asociación Internacional de Profesionales de Riesgos.

Adicionalmente, el Dr. Mun ha escrito muchos artículos académicos que han sido publicados en: *Journal of Expert Systems with Applications; Defense Acquisition Research Journal; American Institute of Physics Proceedings; Acquisitions Research; Journal of the Advances in Quantitative Accounting and Finance; Global Finance Journal; International Financial Review; Journal of Financial Analysis; Journal of Applied Financial Economics; Journal of International Financial Markets, Institutions and Money; Financial Engineering News;* y *Journal of the Society of Petroleum Engineers.* Para finalizar, él ha contribuido con docenas de capítulos en libros y ha escrito más de cien artículos técnicos, boletines, estudios de caso y trabajos de investigación para Real Options Valuation, Inc.

JohnathanMun@cs.com

San Francisco, California

RECONOCIMIENTOS A LOS LIBROS DEL DR. MUN

...poderoso conjunto de herramientas para los gerentes de portafolios/programas en la elección racional entre alternativas...
> Contralmirante James Greene (Ret.), Presidente de Adquisiciones de la Escuela Naval de Postgrados (USA)

...imprescindible para cualquier profesional...lógico, concreto y con un enfoque concluyente...
> Jean Louis Vaysse, Vicepresidente, Airbus (Francia)

...enfoque comprobado y revolucionario para cuantificar los riesgos y las oportunidades en un mundo incierto...
> Mike Twyman, Presidente, Mission Solutions,
> Cubic Global Defense, Inc. (USA)

... de lectura obligatoria para cualquiera que trabaje en economía e inversiones...es la mejor manera de cuantificar los riesgos y las opciones estratégicas...
> Mubarak A. Alkhater, Director Ejecutivo, Nuevos Negocios,
> Saudi Electric Co. (Arabia Saudita)

... técnicas de riesgos pragmáticas y poderosas, valiosas perspectivas teóricas y analíticas útiles en la industria...
> Dr. Robert S. Finocchiaro, Director,
> Servicios de I&D Corporativo, 3M (USA)

...las herramientas de riesgos más importantes en un sólo volumen, fuente definitiva en gestión de riesgos con ejemplos claros...
> Dr. Ricardo Valerdi, Sistemas de Ingeniería,
> Massachusetts Institute of Technology (USA)

...conceptos complejos paso-a-paso con inigualable facilidad y claridad... una "lectura obligatoria" para todos los profesionales...
> Dr. Hans Weber, Líder de Desarrollo de Productos,
> Syngenta AG (Suiza)

...claro enfoque paso-a-paso...última tecnología en la toma de decisiones para el mundo real de los negocios...
> Dr. Paul W. Finnegan, Vicepresidente, Alexion Pharmaceuticals (USA)

…claro mapa de ruta y alcance de temas para crear estrategias y opciones dinámicas y ajustadas a los riesgos…
Jeffrey A. Clark, Vicepresidente de Planeación Estratégica,
The Timken Company (USA)

…exploración claramente organizada y soportada en herramientas sobre los riesgos, las opciones y estrategias de negocios en la vida real…
Robert Mack, Vicepresidente, Analista Distinguido,
Gartner Group (USA)

…gama completa de metodologías que cuantifican y mitigan los riesgos para lograr una gestión empresarial eficaz…
Raymond Heika, Director de Planeación Estratégica,
Northrop Grumman Corporation (USA)

…lectura obligatoria para los gerentes de portafolio de productos…captura la exposición al riesgo de las inversiones estratégicas…
Rafael Gutiérrez, Director Ejecutivo de Planeación de Mercadeo Estratégico, Seagate Technologies (USA)

…temas complejos explicados excepcionalmente…que se pueden entender y poner en práctica…
Agustín Velázquez, Economista Senior,
Banco Central de Venezuela (Venezuela)

…fuente permanente de aplicaciones prácticas con la teoría de gestión de riesgos ¡sencillamente excelente!
Alfredo Roisenzvit, Director Ejecutivo/Profesor,
Risk-Business Latin America (Argentina)

…el mejor libro de modelación de riesgos es ahora aún mejor…lectura necesaria para todos los ejecutivos…
David Mercier, Vicepresidente Corporativo Dev.,
Bonanza Creek Energy [Petróleo & Gas] (USA)

…puente entre la teoría y la práctica, intuitivo con interpretaciones comprensibles…
Luis Melo, Econometrista Senior,
Banco de la República de Colombia (Colombia)

…herramientas valiosas para que las compañías le generen valor a sus accionistas y a la sociedad inclusive en tiempos difíciles…
Dr. Markus Götz Junginger, Socio Principal,
Gallup (Alemania)

CONTENIDO

1

LA GESTIÓN ANALÍTICA DE PROYECTOS EN POCAS PALABRAS

Todas las organizaciones dependen en gran medida de las herramientas de planeación de proyectos para pronosticar la culminación de los mismos. El completar los proyectos dentro de los tiempos y presupuestos especificados, es crucial para facilitar unas operaciones comerciales fluidas. En nuestro, entorno altamente tecnológico, muchos factores pueden impactar el cronograma. Con frecuencia, las capacidades técnicas pueden no estar a la altura de las expectativas. En otros casos, los requerimientos no son suficientes y requieren de una mayor definición. Por otro lado, las pruebas pueden arrojar resultados sorprendentes –buenos o malos. En otras palabras, existe una lista completa de razones que pueden ocasionar desfases en el cronograma o por el contrario, podemos ser afortunados y acelerar el cronograma.

Los cronogramas de los proyectos son inherentemente inciertos, y el cambio es normal. Por ende, debemos esperar cambios y buscar la mejor manera de enfrentarlos. Así que ¿por qué los proyectos toman más tiempo de lo previsto? Una razón se debe a la estimación inexacta del cronograma. La siguiente discusión ofrece una descripción sobre las deficiencias de los métodos tradicionales al estimar el cronograma y la manera en que la simulación y la analítica avanzada se pueden aplicar para abordar estas deficiencias.

Gestión Tradicional del Cronograma

La gestión tradicional del cronograma usualmente inicia con una lista de tareas. Posteriormente, estas tareas se organizan y enlazan desde el antecesor hasta el sucesor para cada tarea. Generalmente se exhiben, bien sea en un Diagrama de Gantt o en formato de red. Para fines de nuestra discusión en este capítulo, nos concentramos en el diagrama de red. Así se desarrolla entonces la duración para cada tarea dentro de la red. A la duración estimada para cada tarea se le asigna una estimación de punto único, aunque por experiencia sabemos que esta estimación debe ser un rango de valores. Por consiguiente, el primer error es utilizar una estimación de punto único. Adicionalmente, muchas de las personas que estiman la duración tratan de hacer su mejor esfuerzo y dan un estimado optimista o ideal. Si suponemos que la probabilidad de lograr esta estimación ideal para una tarea es del 20%, entonces la probabilidad de conseguir el caso ideal para dos tareas es tan sólo del 4% (20% de 20%), y tres tareas producen únicamente un 0.8%. En un proyecto real con muchas más tareas sólo existe una ínfima posibilidad de lograr un cronograma ideal.

Una vez desarrolladas las estimaciones de duración de las tareas, se construye la red y se trazan las distintas rutas a través de la red. Las duraciones de las tareas se suman en cada una de estas rutas, y la que más dure se identifica cómo la ruta crítica.

El Gráfico 1.1 ejemplifica la red y la ruta crítica. La suma de las duraciones de las tareas, a lo largo de la ruta crítica, se indica cómo la fecha de terminación del proyecto. En el Gráfico 1.1, existen cuatro rutas críticas a lo largo de la red de principio a fin. La ruta más corta/rápida es la de las Tareas 1-2-3-10-11 con una duración total de 22 días. La siguiente ruta más corta es la de las Tareas 1-7-8-9-10-11 en 34 días, y después está la ruta 1-4-5-6-10-

11 con una duración de 36 días. Finalmente, la ruta 1-4-8-9-10-11 toma más tiempo durando 37 días y es la ruta crítica para esta red.

Así que supongamos que esta red de tareas es nuestra parte de un esfuerzo más grande y que hay algún otro esfuerzo previo al nuestro que se ha prolongado por un día. Nuestro jefe nos pide acortar nuestro cronograma en uno o dos días para encarrilar de nuevo el esfuerzo en general. La gestión tradicional del cronograma tiene un objetivo: acortar el elemento con la duración más larga en la ruta crítica. Otro enfoque es el de acortar cada tarea en la totalidad de la ruta crítica. Debido a que la primera técnica es más centrada y susceptible de ser exitosa y crea menores conflictos en nuestro equipo, supongamos que utilizaremos esa. De esta manera, queremos reducir la Tarea 8 de 10 a 9 días para acortar nuestro cronograma y así satisfacer a nuestro jefe o a nuestro cliente. Dejemos la metodología tradicional en esta etapa sintiéndonos satisfechos con nuestros esfuerzos, pero con la curiosidad de buscar alternativas. El siguiente paso es el de explorar la simulación y la analítica de riesgos con el fin de mejorar la gestión del proyecto. Específicamente, utilizaremos las simulaciones de riesgos de Monte Carlo en cada uno de los presupuestos y cronogramas proyectados para cada tarea, obteniendo una vista del perfil probabilístico y de riesgos de todos los costos y el cronograma de la red.

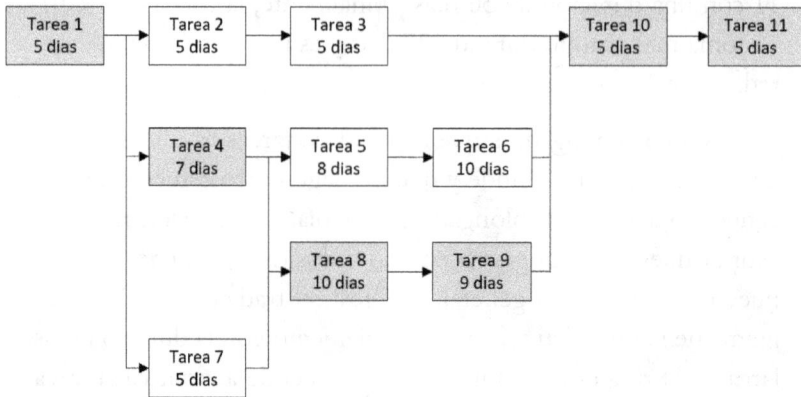

Gráfico 1.1: Cronograma de la Red

Gestión Probabilística del Cronograma

Si estamos de acuerdo con que las duraciones de las tareas pueden variar, entonces debemos tener en cuenta esa incertidumbre en los modelos de los cronogramas. Se puede producir un modelo de cronograma por medio de la creación de una distribución de probabilidades para cada tarea, representando la probabilidad de terminar la tarea particular en una duración específica. Se puede entonces aplicar las técnicas de simulación de Monte Carlo para pronosticar todo el rango de las posibles duraciones del proyecto.

Una distribución triangular simple es una distribución de probabilidad razonable que se utiliza para describir la incertidumbre para la duración de una tarea. Es un ajuste natural porque si le pedimos a alguien que nos dé un rango de valores de duración para una tarea específica, él o ella usualmente proporcionan dos de los elementos de la distribución: la duración mínima y la máxima. Necesitamos preguntar o determinar únicamente la duración más probable para completar la distribución triangular. Los parámetros son sencillos, intuitivamente fáciles de entender, y fácilmente aceptados tanto por los clientes cómo por los jefes. Se pueden utilizar otras distribuciones más complejas tal cómo

Beta o Weibull, pero se obtiene muy poco en todo caso, ya que la determinación de los parámetros estimados para estas distribuciones es susceptible al error y el método de determinación no resulta fácil de explicar al cliente o jefe.

Con el fin de obtener las mejores estimaciones debemos emplear múltiples fuentes para conseguir las estimaciones de los valores mínimos, más probables y máximos para las duraciones de las tareas. Podemos hablar con el contratista, el gerente de proyectos y las personas que realizan el trabajo práctico y posteriormente elaborar una lista de los estimados de duración. Igualmente se pueden utilizar los datos históricos, pero se debe hacer con cuidado porque aunque los esfuerzos pueden ser similares a los proyectos anteriores éstos usualmente contienen varios elementos únicos, o combinaciones. Como una guía, podemos utilizar el Gráfico 1.2. Los valores mínimos deben reflejar la utilización óptima de los recursos. Los valores máximos deben tener en cuenta los problemas sustanciales, pero no es necesario tener en cuenta el peor de los casos posibles en donde todo sale mal y los problemas se acumulan mutuamente. Cabe anotar que el valor más probable será el valor que se experimente con mayor frecuencia, pero usualmente, en la mayoría de los casos, es inferior a la mediana o la media. En nuestro ejemplo de caso del Gráfico 1.1, se utilizarán los valores mínimos, más probables y máximos dados en el Gráfico 1.3. Podemos emplear los supuestos de entrada de *Risk Simulator* para crear las distribuciones triangulares con base en los parámetros mínimos, más probables y máximos. La columna de la duración dinámica de valores que aparece en el Gráfico 1.3 se creó tomando un ejemplo aleatorio de cada una de las distribuciones triangulares asociadas.

Utilización óptima de recursos, no hay problemas y Murphy se quedó en casa.

Mayor probabilidad de que el tiempo y el costo se excedan a que sean insuficientes.

Los recursos pertenecen a Murphy, y prácticamente todas las pesadillas se convierten en realidad.

50%   50%

Moda   Mediana Media

Máximo

Mínimo   Más probable

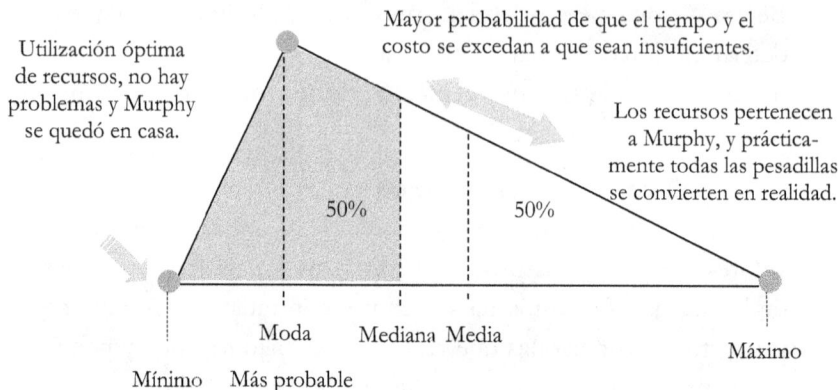

Gráfico 1.2: Distribución Triangular

Después de crear las distribuciones triangulares, el siguiente paso es emplear la red del cronograma para establecer las rutas. Para el ejemplo de caso en el Gráfico 1.1, existen 4 rutas a lo largo de la red desde el comienzo hasta el final. Estas rutas aparecen en el Gráfico 1.4 junto con sus duraciones asociadas. (Nota: al configurar la hoja de cálculo para varias rutas, es absolutamente esencial utilizar los supuestos de entrada para las duraciones de tareas y después referenciar estas celdas de la duración de tareas cuando se calcule la duración para cada ruta. Este método garantiza que la duración de tareas individuales sea la misma independientemente de cuál ruta se utiliza). La duración total del cronograma en general es el máximo de las cuatro rutas. En *Risk Simulator* llamaríamos esa celda, Pronóstico de Salida. En el análisis probabilístico del cronograma, no nos preocupan las situaciones de ruta crítica/casi-crítica porque el análisis automáticamente da cuenta de todas las duraciones de las rutas a lo largo de los cálculos.

Tarea #	Nombre de la Tarea	Min	Proba- bilidad	Max	Estima- ción del Punto
1	Análisis del *Stakeholder*	4.5	5	6	5
2	Jerarquía de Objetivos	4.5	5	6	5
3	Desarrollo de Métricas de Decisión	5.5	6	7	6
4	Análisis Funcional	6	7	9	7
5	Requisitos del Módulo Primario	7	8	10	8
6	Desarrollo del Módulo Primario	9	10	13	10
7	Análisis Funcional del Módulo Secundario	4.5	5	6	5
8	Requisitos del Módulo Secundario	9	10	12	10
9	Desarrollo del Módulo Secundario	8	9	10	9
10	Estudios Comerciales	2.5	3	4	3
11	Especificación Final del Desarrollo	2.5	3	4	3

Gráfico 1.3: Rango de Duraciones de Tarea

Ahora podemos utilizar el *Risk Simulator* y ejecutar una simulación de Monte Carlo para producir un pronóstico en relación con la duración del cronograma. El Gráfico 1.5 muestra los resultados para el problema del ejemplo. Volvamos a las cifras dadas por el método tradicional. La estimación original indicaba que el proyecto se terminaría en 37 días. Si usamos la función de cola- izquierda en la tabla de pronóstico, podemos determinar la probabilidad de terminar la tarea en 37 días con base en la simulación de Monte Carlo. En este caso, existe una mera posibilidad del 8.27% de terminar dentro de los 37 días. Este resultado ilustra la segunda deficiencia en el método tradicional: ¡no sólo está incorrecto el punto de estimación, sino que éste nos ubica en una situación de alto riesgo en términos de sobrecosto antes de que el trabajo ni siquiera haya comenzado! Tal como lo indica el Gráfico 1.5, el valor de la mediana es de 38.5 días. Algunos estándares de la industria recomiendan utilizar el 80% del valor de certeza en la mayoría de los casos, lo que equivale a 39.5 días en el problema del ejemplo.

Ruta 1	Tiempo 1	Ruta 2	Tiempo 2	Ruta 3	Tiempo 3	Ruta 4	Tiempo 4
1	5.78	1	5.78	1	5.78	1	5.78
2	4.79	4	7.78	4	7.78	7	5.20
3	6.16	5	9.22	8	10.05	8	10.05
10	3.33	6	10.12	9	9.40	9	9.40
11	3.76	10	3.33	10	3.33	10	3.33
		11	3.76	11	3.76	11	3.76
Totales	23.82		39.99		40.10		37.52
Programación total General		40.10	(Max de todos los totales)				

Gráfico 1.4: Rutas y Duraciones para el Problema del Ejemplo

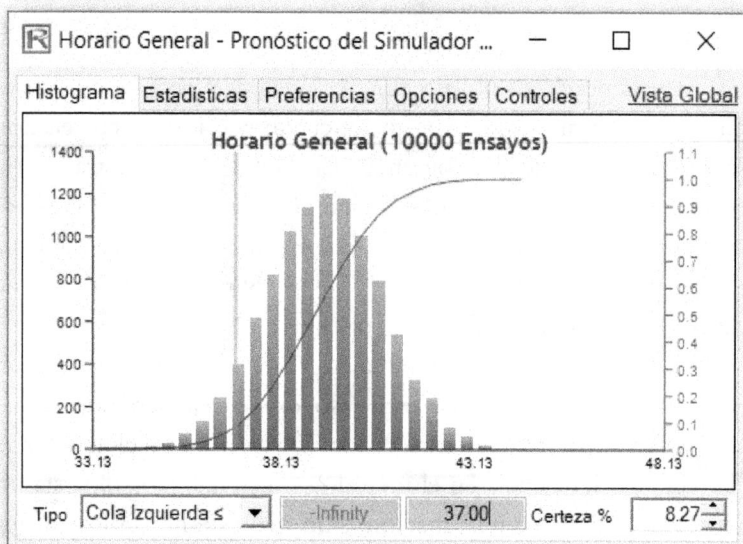

Gráfico 1.5: Resultados de la Simulación

Ahora revisemos la solicitud del jefe de reducir todo el cronograma en un día. ¿En dónde hacemos el esfuerzo para reducir la duración general? ¿Si estamos utilizando la gestión probabilística del cronograma, no utilizamos la ruta crítica; entonces, en dónde iniciamos? Por medio del Análisis de Tornado del *Risk Simulator* y de las herramientas de Análisis de Sensibilidad, podemos identificar los objetivos más eficaces para reducir los esfuerzos. El Gráfico de Tornado (Grafico 1.6) identifica las variables (tareas) más influyentes en el cronograma general. Este Gráfico muestra los mejores objetivos para reducir los valores de media/mediana.

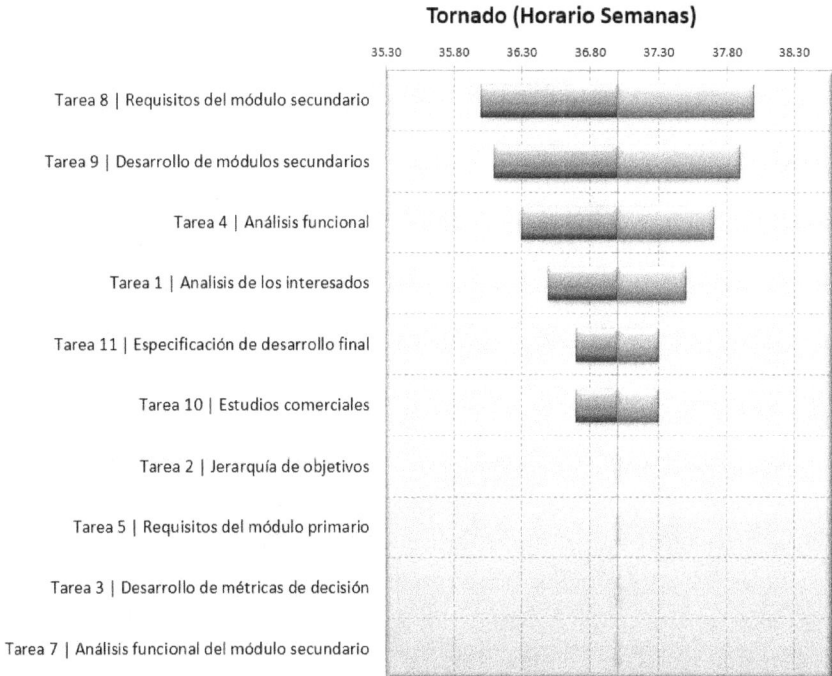

Tornado (Horario Semanas)

	35.30	35.80	36.30	36.80	37.30	37.80	38.30

Tarea 8 | Requisitos del módulo secundario
Tarea 9 | Desarrollo de módulos secundarios
Tarea 4 | Análisis funcional
Tarea 1 | Analisis de los interesados
Tarea 11 | Especificación de desarrollo final
Tarea 10 | Estudios comerciales
Tarea 2 | Jerarquía de objetivos
Tarea 5 | Requisitos del módulo primario
Tarea 3 | Desarrollo de métricas de decisión
Tarea 7 | Análisis funcional del módulo secundario

Gráfico 1.6: Análisis de Tornado

% Contribución a la Varianza

	0.00%	10.00%	20.00%	30.00%	40.00%
Tarea 4 | Análisis funcional				31.40%	
Tarea 8 | Requisitos del módulo secundario		13.07%			
Tarea 6 | Análisis funcional del módulo secundario		8.69%			
Tarea 10 | Estudios comerciales		8.25%			
Tarea 1 | Analisis de los interesados		7.93%			
Tarea 11 | Especificación de desarrollo final		6.30%			
Tarea 9 | Desarrollo de módulos secundarios		4.87%			
Tarea 5 | Requisitos del módulo primario		4.27%			
Tarea 7 | Análisis funcional del módulo secundario	0.00%				
Tarea 2 | Jerarquía de objetivos	0.00%				

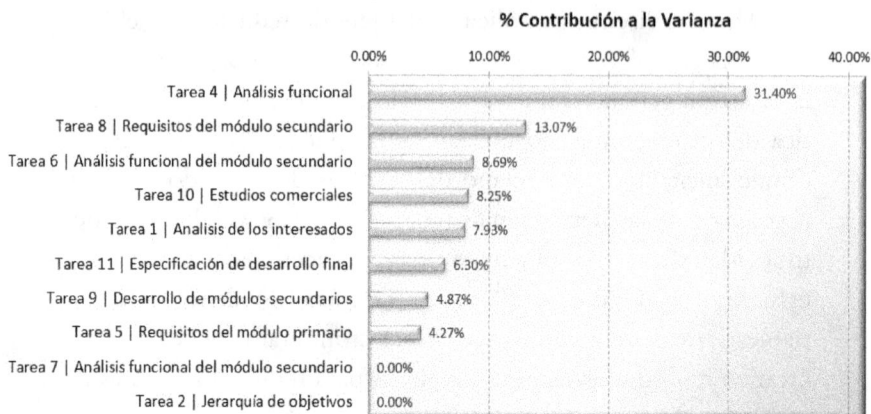

Gráfico 1.7: Análisis de Sensibilidad

Sin embargo, no podemos abordar la media/mediana sin tratar la variación. La herramienta de Análisis de Sensibilidad muestra cuáles variables (tareas) aportan más a la variación en el resultado general del cronograma (ver Gráfico 1.7). En este caso, vemos que la variación en la Tarea 4 es el principal contribuyente a la variación en el cronograma general. Otra observación interesante es que la variación en la Tarea 6, una tarea que no está en la ruta crítica, también contribuye en cerca de 9% a la variación general.

En este ejemplo, el reducir la duración de la programación para las Tareas 4, 8 y 9 generaría la mayoría de los dividendos en relación con la reducción de la duración del cronograma general. El determinar las razones subyacentes para la variación sustancial en las Tareas 4, 6 y 8 probablemente daría una mejor perspectiva de estos procesos. Por ejemplo, la variación en la Tarea 4 puede ser ocasionada por la falta de personal disponible. Se pueden tomar acciones Administrativas para dedicar el personal a este esfuerzo y reducir sustancialmente la variación, lo que disminuiría la variación general y mejoraría la previsibilidad del cronograma. El ahondar en las razones de la variación conllevará a los objetivos en donde las acciones administrativas serán más eficaces, mucho más que decirles a las tropas sencillamente que reduzcan su tiempo de terminación de la tarea.

Con la utilización del modelo de cronograma de red, también podemos experimentar cómo las distintas estrategias de reducción pueden dar resultados. Por ejemplo, sacar un día de las Tareas 4, 8 y 9 bajo el método tradicional, nos hace pensar que ha ocurrido una reducción de tres días. Si reducimos el valor Más Probable para las Tareas 4, 8 y 9 en un día y ejecutamos la simulación de riesgos de Monte Carlo, encontramos que el valor de la mediana sigue siendo 37.91 o únicamente una reducción de 0.7-día. Esta pequeña reducción prueba que se debe abordar la variación. Si reducimos la variación en 50%, manteniendo los valores originales mínimos y más probables, pero reduciendo el valor máximo para cada distribución, entonces reducimos la mediana de 38.5 a 37.91- prácticamente lo mismo que reducir los valores más probables. El tomar las dos medidas (reducir los valores más probables y máximos) disminuye la mediana a 36.83, lo que nos da la posibilidad de 55% de terminarla en 37 días. Este análisis prueba que la reducción en el valor más probable y la variación general es la acción más eficaz.

Para lograr los 36 días, debemos continuar trabajando en la lista de tareas que aparece en los Gráficos de Sensibilidad y de Tornado que abordan cada tarea. Si le damos el mismo tratamiento a la Tarea 1, reduciendo sus valores más probables y máximos, entonces se puede lograr la terminación en 36 días con una certeza de 51% y una certeza de 79.25% de terminarla en 37 días. El valor máximo para el cronograma general se reduce de más de 42 días a menos de 40 días. Sin embargo, serían necesarios los esfuerzos de gestión para alcanzar los 36 días al 80% de nivel de certeza.

Al gestionar el cronograma de producción, utilice las cifras ideales. Si empleamos los valores más probables o, aún peor, los valores máximos, el personal de producción no se esforzará para lograr las cifras ideales por ende implementarán una profecía auto-realizadora de terminación retrasada. Al presupuestar, debemos crear el presupuesto para el resultado de la mediana, pero reconociendo que en el mundo real hay incertidumbre, así como riesgo. Al discutir sobre el cronograma con el cliente, bríndele los valores que equivalen al 75% u 80% del nivel de certeza. En la mayoría de los casos, los clientes prefieren predictibilidad (terminación a tiempo) en lugar de una terminación potencialmente rápida que incluya riesgos significativos. Finalmente, reconozca que el "peor caso" puede posiblemente ocurrir y entonces crea planes de contingencia para proteger su organización en caso de que si ocurra. Si el "peor caso" o valor máximo es inaceptable, entonces realice los cambios adecuados en el proceso para reducir el valor máximo del resultado, a un nivel aceptable.

Conclusión

Con la gestión tradicional del cronograma, solo existe una respuesta para la fecha programada de terminación. Cada tarea recibe un estimado de su duración y éste es exacto únicamente si todo resulta de acuerdo al plan, lo que no es probable que ocurra. Con la gestión probabilística del cronograma, se ejecutan miles de pruebas para explorar el rango de los posibles resultados relacionados con la duración del cronograma. Cada tarea en la red recibe una distribución estimada de tiempo, lo que refleja con exactitud la incertidumbre de cada tarea. Las correlaciones se pueden ingresar a un modelo más exacto de comportamientos de la vida real. Las rutas críticas y casi-críticas se tienen en cuenta automáticamente y el resultado de la distribución de pronósticos reflejará con exactitud el rango total de posibles resultados. Al utilizar los análisis de Tornado y Sensibilidad, podemos maximizar la eficacia de nuestras acciones de gestión a fin de controlar las variaciones del cronograma y, de ser necesario, reducir la programación general a niveles altos de certeza.

2

GESTIÓN PRÁCTICA DE PROYECTOS EN PEAT

Tal como se comentó en el capítulo anterior, dentro del mundo de la gestión de proyectos, existen principalmente dos importantes fuentes de riesgos: el riesgo del cronograma y el riesgo de costos. En otras palabras, ¿el proyecto estará a tiempo y según lo presupuestado? o ¿habrá un bloqueo en el cronograma y unos sobrecostos en el presupuesto, y, si es así, qué tan malo pueden ser? Para ilustrar cómo se puede aplicar la gestión cuantitativa de riesgos a la gestión de proyectos, empleamos el modelo ROV PEAT para modelar estas dos fuentes de riesgos. Los ejemplos e ilustraciones a continuación suponen que el lector tiene instalado el software de PEAT (las instrucciones para su instalación se encuentran al final de este libro).

Tareas Secuenciales y Sencillas del Proyecto

Para entender mejor, inicie el software de PEAT, seleccione el módulo *Gestión de Proyectos*- módulo de *Riesgo de Costo y Programación* (Gráfico 2.1), y haga clic en *Cargar Ejemplo*. El software cargará algunos ejemplos de proyectos. Iniciamos ilustrando un proyecto de ruta lineal simple en la pestaña *Proyecto D* (Gráfico 2.2). Haga clic en esta pestaña para iniciar. Cabe anotar que los usuarios pueden hacer clic en el menú de *Proyectos,* para agregar proyectos adicionales o eliminar y renombrar proyectos existentes. El ejemplo que se cargó contiene 5 proyectos de muestra predefinidos. En este proyecto de ruta lineal simple (Proyecto D), hay 11 tareas de muestra y cada tarea se enlazará a sus tareas subsiguientes de manera lineal (p. ej., la Tarea 2, sólo se puede iniciar después de hacer la Tarea 1, y así sucesivamente). En cada pestaña de proyecto el usuario tiene un conjunto de controles y entradas:

- *Ruta Secuencial* versus *Ruta de Red Compleja.* El primer ejemplo que vemos utiliza una ruta secuencial, lo que significa que hay una progresión lineal simple de tareas. En el siguiente ejemplo, exploraremos la ruta de red compleja en donde se pueden ejecutar las tareas de manera lineal y simultánea y que se pueden recombinar en cualquier momento.

- *Costos Fijos.* Los costos fijos y sus rangos aptos para la simulación de riesgos (mínimos, más probables y máximos) son entradas obligatorias. Estos costos fijos son aquellos que se efectuarán independientemente de un retraso en el cronograma (el proyecto se puede terminar temprano o tarde, pero los costos fijos serán los mismos, independientemente de eso).

- *Cronograma.* Este control establece una programación de tiempo para un periodo específico (mínimo, más probable, máximo) en días, semanas, o meses. Los usuarios primero seleccionan la periodicidad (p.ej. días, semanas, meses o sin unidades) a partir de la lista de despliegue e ingresan la programación de tiempo proyectada por tarea. Este cronograma se utilizará conjuntamente con los elementos de costo variable (ver la siguiente viñeta) y estará disponible únicamente si se selecciona *Incluir el Análisis de Costos basado en el Cronograma.*

- *Costo Variable.* Este es el costo variable que se efectúa con base en el cronograma para cada tarea. Este costo variable es por período y se multiplicará por el número de periodos para obtener el costo variable total para cada tarea. La suma de todos los costos fijos y variables para todas las tareas será, por supuesto, el costo total para el proyecto (denominado cómo *Costo Total del Proyecto*).

- *Supuesto de Sobrecosto.* Este es un porcentaje de reserva presupuestal que se debe incluir en cada tarea. Esta columna está disponible y se utiliza solamente al seleccionar la casilla *Incluir Sobrecostos de Presupuesto y Reservas.* Para obtener más detalles sobre su funcionalidad y los cálculos asociados, ir al Capítulo 6.

- *Probabilidad de Éxito.* Esto les permite a los usuarios ingresar la probabilidad de éxito de cada tarea. Si una tarea fracasa, entonces todas las tareas posteriores serán canceladas, y no se ocasionarán gastos, debido a que el proyecto se detuvo y se suspendió. Esta columna está disponible y se utilizará en la simulación de riesgos, únicamente si se selecciona la casilla de *Incluir Probabilidades de Éxito.* Para obtener más detalles sobre su funcionalidad, ver el Capítulo 6.

- *Ejecutar y Ejecutar Todos los Proyectos.* Estos botones de ejecutar harán los cálculos pertinentes con base en las configuraciones y entradas, y también corren las simulaciones de riesgo al seleccionar la casilla de *Realizar la Simulación de Riesgo* (de la misma manera si se ingresan correctamente los requisitos de las configuraciones de simulación tales como tipo de distribución, número de pruebas, y configuraciones del valor semilla). Esto ejecutará el modelo actual del proyecto. Si hay necesidad de ejecutar múltiples proyectos, usted puede en cambio, pulsar el botón de *Ejecutar Todos los Proyectos.* Por defecto, todos los proyectos se ejecutan simultáneamente. Si se selecciona la casilla *Ejecutar Secuencialmente*, la simulación se ejecutará sobre un proyecto a la vez.

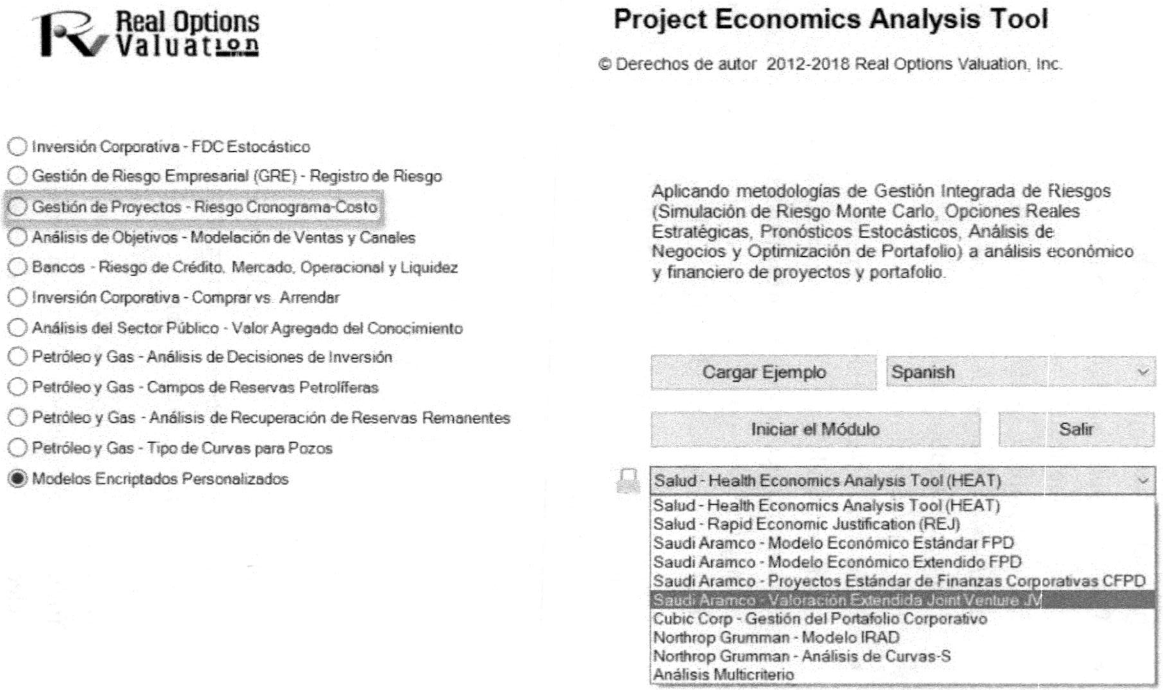

Real Options Valuation

○ Inversión Corporativa - FDC Estocástico
○ Gestión de Riesgo Empresarial (GRE) - Registro de Riesgo
○ Gestión de Proyectos - Riesgo Cronograma-Costo
○ Análisis de Objetivos - Modelación de Ventas y Canales
○ Bancos - Riesgo de Crédito, Mercado, Operacional y Liquidez
○ Inversión Corporativa - Comprar vs. Arrendar
○ Análisis del Sector Público - Valor Agregado del Conocimiento
○ Petróleo y Gas - Análisis de Decisiones de Inversión
○ Petróleo y Gas - Campos de Reservas Petrolíferas
○ Petróleo y Gas - Análisis de Recuperación de Reservas Remanentes
○ Petróleo y Gas - Tipo de Curvas para Pozos
● Modelos Encriptados Personalizados

Project Economics Analysis Tool

© Derechos de autor 2012-2018 Real Options Valuation, Inc.

Aplicando metodologías de Gestión Integrada de Riesgos (Simulación de Riesgo Monte Carlo, Opciones Reales Estratégicas, Pronósticos Estocásticos, Análisis de Negocios y Optimización de Portafolio) a análisis económico y financiero de proyectos y portafolio.

| Cargar Ejemplo | Spanish | > |

| Iniciar el Módulo | Salir |

Salud - Health Economics Analysis Tool (HEAT)
Salud - Health Economics Analysis Tool (HEAT)
Salud - Rapid Economic Justification (REJ)
Saudi Aramco - Modelo Económico Estándar FPD
Saudi Aramco - Modelo Económico Extendido FPD
Saudi Aramco - Proyectos Estándar de Finanzas Corporativas CFPD
Saudi Aramco - Valoración Extendida Joint Venture JV
Cubic Corp - Gestión del Portafolio Corporativo
Northrop Grumman - Modelo IRAD
Northrop Grumman - Análisis de Curvas-S
Análisis Multicriterio

Gráfico 2.1: PEAT—Módulo de Gestión de Proyectos

Con el propósito de conocer cuáles son los supuestos de entrada que impulsan mayormente el costo total y el cronograma, se puede ejecutar el Análisis de Tornado (Gráfico 2.3). El Análisis de Tornado es una técnica analítica poderosa que captura los impactos estáticos de cada variable en el resultado del modelo; es decir, la herramienta afecta automáticamente cada variable una cantidad predeterminada en el modelo, captura la fluctuación en el pronóstico o resultado final del modelo, y enumera las afectaciones resultantes clasificadas de la más a la menos significativa. El Gráfico 2.3 ilustra la aplicación del Análisis de Tornado, en donde el Costo Esperado del Proyecto D se selecciona como el resultado objetivo para ser analizado. Los precedentes del resultado objetivo en el modelo se utilizan para crear la gráfica de Tornado. Los precedentes son todas las variables de entrada e intermedias que afectan el resultado del modelo. Por ejemplo, si el modelo consta de A = B + C, en donde la C = D + E, entonces B, D y E, son los precedentes de A (C no es precedente ya que sólo es un valor calculado intermedio). El Gráfico 2.3 también muestra el rango de prueba de cada variable precedente utilizada para estimar el resultado objetivo. Si las variables precedentes son entradas simples, entonces el rango de prueba será una afectación simple basada en el rango escogido (p.ej. el incumplimiento es de ±10%). De ser necesario, cada variable precedente se puede perturbar en diferentes porcentajes (ver la cuadrícula de datos al final de la interfaz del usuario). Es importante tener un rango más amplio ya que puede probar valores extremos, distinto a las perturbaciones más pequeñas alrededor de valores esperados. En algunas circunstancias, los valores extremos pueden tener un impacto mayor, menor o desigual (p.ej. pueden ocurrir no-linealidades en donde las economías a escala decrecientes o en crecimiento y el alcance, buscan valores más grandes o pequeños de una variable) y solamente un rango más amplio puede capturar este impacto no-lineal.

El modelo puede entonces ser la simulación de riesgos de Monte Carlo basado en los valores mínimos, más probables y máximos que se ingresaron anteriormente (Gráfico 2.2) y los resultados mostrarán las distribuciones de probabilidad de los costos y el cronograma (Gráfico 2.4). Por ejemplo, los resultados de muestra exponen que para el Proyecto D, existe una probabilidad del 95% de que el proyecto se puede completar en USD$398.742. La mediana esperada o el valor más probable fue originalmente de USD$377.408 (Gráfico 2.2). Con la simulación, vemos que se justifica tener una reserva adicional de USD$21.334 para tener un 95% de certeza de que hay los fondos suficientes para terminar el proyecto.

Cabe anotar que la tabla de simulación en el Gráfico 2.4 muestra una distribución trimodal, p.ej. existen tres agrupaciones y picos en el histograma. La razón se debe a que la probabilidad de éxito en cada tarea está configurada en el modelo. Para obtener más detalles acerca de cómo el sobrecosto, y la probabilidad de éxito funcionan en los cálculos, remitirse al Capítulo 6. Igualmente puede ver los apéndices para encontrar más detalles sobre la interpretación de los momentos de la distribución, las estadísticas de simulación y la forma y características de las distribuciones.[1]

---

[1]Los resultados expuestos se obtuvieron por medio del ejemplo predeterminado de las 1.000 pruebas de simulación con un valor semilla de 123 para todos los Proyectos de la A a la D, y las simulaciones se configuraron para ejecutar todos los proyectos en simultánea. Recomendamos que en los proyectos de la vida real, se ejecuten de 1.000-10.000 pruebas de simulación dependiendo de la complejidad del modelo.

Archivo Editar Proyecto Reporte Heramientas Idioma (Language) Decimales Ayuda

Bienvenido a ROV Project Economics Analysis Tool (PEAT). Este módulo permite gestionar proyectos de manera dinámica basado en un análisis de cronograma y costo. Con este módulo puede construir su propio diagrama de red, modelar e identificar la ruta crítica, aplicar Simulación de Monte Carlo y aplicar análisis de sensibilidad dinámico para determinar el costo y cronograma bajo incertidumbre.

Gestión de Proyecto   Analítica Aplicadas   Simulación de Riesgo   Estrategia de Opciones   Valoración de Opciones   Pronóstico   Tablero de Comandos   Centro de Conocimiento

Proyecto A   Proyecto B   Proyecto C   Proyecto D   Proyecto E   Análisis de Portafolio

Seleccionar el Proyecto Programa & Modelo de Riesgo de Cosso a usar: ● Camino secuencial   ○ Ruta de Red Compleja   Proyecto Nombre/Notas:

Programa & Costo

☑ Incluir Análisis de Costo basado en el programa
☑ Incluir sobrecoste de Presupuesto & Bufers
☑ Incluir probabilidades de éxito de cada tarea y Modelar sus impactos

☑ Realizar simulación de riesgo
☑ Aplicar valor semilla: 123   Mostrar 11

Ensayos de simulación: 1,000
Tareas con   Semanalmente

Correr   Correr Todos Proyectos
☑ Actualización Auto   ☐ Correr Secuencialmente
Triangular

Tarea	Nombre Tarea	Costos (Costo Fijo)			Calculado	Horario (Semanas)			Variable	Sobrecoste	Probabilid...	Vinculado
		Mínimo	Más proba...	Máximo	Costo	Mínimo	Más proba...	Máximo	Semanalm...	Supuesto	de éxito	Eventos
Task 1	Conceptualización	1,500	2,250	4,500	5,585	1.6	2.15	3.8	1,500	2.00%	95.00%	1
Task 2	Tiempo adicional para remodelar	150	750	1,500	2,325	0.61	1.05	1.6	1,500	0.00%	95.00%	1
Task 3	Iniciación	5,000	7,500	12,500	18,700	2.7	3.8	6	2,500	10.00%	93.00%	1
Task 4	Concepto de reelaboración	750	1,500	3,000	3,900	1.05	1.6	2.7	1,500	0.00%	99.00%	1
Task 5	Modificación de conceptos existentes.	750	1,500	2,250	3,900	1.05	1.6	2.15	1,500	0.00%	99.00%	1
Task 6	Fase 2 Desarrollo	17,500	21,000	28,000	52,727	6	7.1	9.3	3,500	15.00%	97.00%	1
Task 7	I + D adicional	1,000	1,500	2,000	3,723	1.6	2.15	2.7	1,000	2.00%	97.00%	1
Task 8	Aplicar IP externa	2,500	5,000	5,000	13,260	1.05	1.6	1.6	5,000	2.00%	98.00%	1
Task 9	Fabricación	50,000	80,000	100,000	207,600	6	9.3	11.5	10,000	20.00%	95.00%	1
Task 10	Reprototipado	3,000	12,000	16,000	29,784	1.6	2.15	2.7	8,000	2.00%	98.00%	1
Task 11	Refundición y retrabajo	12,000	18,000	19,000	35,904	1.6	2.15	2.7	8,000	2.00%	98.00%	1
	Total Proyecto	**99,150**	**151,000**	**193,750**	**377,408**	**25**	**34.65**	**47**	**226,408**			

Gráfico 2.2: Gestión de Proyectos de Ruta Lineal Simple con Riesgos en Costos y Cronograma

Archivo Editar Proyecto Reporte Herramientas Idioma (Language) Decimales Ayuda

Bienvenido a ROV Project Economics Analysis Tool (PEAT). Este módulo permite gestionar proyectos de manera dinámica basado en un análisis de cronograma y costo. Con este módulo puede construir su propio diagrama de red, modelar e identificar la ruta crítica, aplicar Simulación de Monte Carlo y aplicar análisis de sensibilidad dinámico para determinar el costo y cronograma bajo incertidumbre.

Gestión de Proyecto Analítica Aplicadas Simulación de Riesgo Estrategia de Opciones Valoración de Opciones Pronóstico Tablero de Comandos Centro de Conocimiento

Tornado Estático Análisis de Escenarios

Tornado o Análisis de Sensibilidad Estático se lleva a cabo modificando las entradas del monto presente una a la vez para determinar el impacto en la variable de salida. Inicie seleccionando la Opción y Variable de Salida a probar, luego escoja los niveles de sensibilidad y seleccione Correr.

Seleccione la Opción y la Variable de Salida a correr:

Proyecto D: Costo Proyecto Esperado

Sensibilidad +/-   10 ⬍ %
Mostrar la parte superior   10 ⬍ variables
Mostrar resultados con   2 ⬍ decimales

Seleccione el nivel de precisión del Análisis de Sensibilidad:

○ Entradas Individuales
○ Entrada por Rubros
◉ Grupos de Variables

Reinicializar

Actualizar   Excel   Copiar Tabla

La ejecución del Tornado ha sido completada.

Proyecto D: Costo Proyecto Esperado

	Proyecto D: Costo Proyecto Esperado					
Horario (Semanas) Más probable	8.37					
Variable Semanalmente Costo	9,000.00					
Costos (Costo Fijo) Más probable	72.000					
Horario (Semanas) Más probable		6.39			7.81	
Variable Semanalmente Costo		3,150.00			3,850.00	
Costos (Costo Fijo) Más probable		18.900			23.100	
Costos (Costo Fijo) Más probable		16.200			19.800	
Variable Semanalmente Costo		7,200.00			8,800.00	
Horario (Semanas) Más probable		1.94			2.37	
Horario (Semanas) Más probable		1.94			2.37	

365.000   370.000   375.000   380.000   385.000   390.000

Valores del gráfico superior derecho: 10.23, 11.000, 68.000

Mostrar resultados con 2 ⬍ decimales

	Proyecto D: Costo Proyecto Esperado				Entradas		
Grá...	% Arri...	% Aba...	Entradas	Valor Base: 377,408.00			
				Salida des.	Salida al re...	Rango	Entrada a... Entrada a... Valor Base
✓	10.00%	10.00%	Task 9	Fabricación	Horario (Semanas...	366,248.00	388,568.00	22,320.00	8.37	10.23	9.30
✓	10.00%	10.00%	Task 9	Fabricación	Variable Semanal...	366,248.00	388,568.00	22,320.00	9,000.00	11,000.00	10,000.00
✓	10.00%	10.00%	Task 9	Fabricación	Costos (Costo Fijo...	367,808.00	387,008.00	19,200.00	72,000.00	88,000.00	80,000.00
✓	10.00%	10.00%	Task 6	Fase 2 Desarrollo	Horario (Se...	374,550.25	380,265.75	5,715.50	6.39	7.81	7.10
✓	10.00%	10.00%	Task 6	Fase 2 Desarrollo	Variable Se...	374,550.25	380,265.75	5,715.50	3,150.00	3,850.00	3,500.00

Nombre:

Nuevo   Guardar como
Editar
Guardar
Eliminar

Modelo
Proyecto A Costo
Proyecto B Ruta crítica
Proyecto D Programado
Proyecto E Coste variable

Gráfico 2.3: Análisis de Tornado a una Ruta Lineal Simple

Archivo   Editar   Proyecto   Reporte   Herramientas   Idioma (Language)   Decimales   Ayuda

Bienvenido a ROV Project Economics Analysis Tool (PEAT). Este módulo permite gestionar proyectos de manera dinámica basado en un análisis de cronograma y costo. Con este módulo puede construir su propio diagrama de red, modelar e identificar la ruta crítica, aplicar Simulación de Monte Carlo y aplicar análisis de sensibilidad dinámico para determinar el costo y cronograma bajo incertidumbre.

Gestión de Proyecto   Analítica Aplicadas   Simulación de Riesgo   Estrategia de Opciones   Valoración de Opciones   Pronóstico   Tablero de Comandos   Centro de Conocimiento

Resultados de Simulación   Superposición de Resultados   Análisis de Alternativas   Sensibilidad Dinámica

Seleccionar la Opción y la Variable de Salida para ver los resultados:

Proyecto D: Costo Proyecto

Bar Tipo: Bar   Bar Color   Línea Índice: Ver Datos   Propiedades Personalizadas   S-Curva Color

Proyecto D: Costo Proyecto

Frequencia (eje vertical): 300.00 / 250.00 / 200.00 / 150.00 / 100.00 / 50.00 / 0.00	

4,990.23   88,335.29   171,660.35   255,025.41   338,370.46   421,715.52

Cola Izquierda: 95.00% em 399,508.28

Mostrar líneas verticales en:

Percentiles %:

Valores de Certeza:
☑ Mostrar info.

Histograma PDF   ▾   Actualizar   Calcular y Mostrar líneas en: Cola Izquierda <   ▾
Copiar Tabla   Mostrar Cuadrícula   Percentiles: 95.00   %
                                        Confianza: 399,508.28   %
                                        ☑ Mostrar info.   Extraer Datos de Simulación

Estadísticas/Percentil

Estadísticas/Percentil	Valor
Ensayos	946
Media	287,753.9788
Mediana	360,951.0403
Desv.Estándar	144,177.6789
CV	50.1045%
Sesgo	-1.1694
Curtosis	-0.4632
Mínimo	4,990.2326
Máximo	421,715.5218
Rango	416,725.2892
0%	4,990.2326
5%	7,932.9660
10%	9,664.4667
20%	98,931.6763
30%	336,815.0140
40%	352,620.7891
50%	360,951.0403

Nombre: Modelo

Nuevo
Guardar como
Editar
Guardar
Eliminar

☑ Al guardar, incluir los datos y los resultados simulados (esto puede resultar en más lenta respuesta y archivos de mayor tamaño)

4 ◆▸ Decimales

Abrir   Guardar

Gráfico 2.4: Simulación de Resultados de Riesgos de Monte Carlo para los Valores Riesgosos de Costos y Cronograma

En los proyectos complejos en donde hay rutas bifurcadas no-lineales y recombinadas (Gráfico 2.5), la modelación de riesgos de los costos y el cronograma es más difícil de realizar y calcular. Por ejemplo, en la pestaña de *Proyecto A* del ejemplo predeterminado, vemos que después de la Tarea 1, las tareas futuras se pueden ejecutar en paralelo (Tareas 2, 3 y 4). Posteriormente, las Tareas 3 y 4 se recombinan en la Tarea 8. El usuario puede crear dichos modelos de ruta compleja sencillamente agregando tareas y combinándolas en un mapa visual, tal como se exhibe y utilizando las herramientas con los íconos relevantes (Gráfico 2.6). El software automáticamente creará el modelo financiero analítico cuando se hace clic en *Crear Modelo*. Es decir, se le redirigirá a la pestaña de *Cronograma y Costos* en donde ahora estará disponible la misma configuración que se vio anteriormente para ingresar los datos, de este modelo complejo (Gráfico 2.7). Las conexiones matemáticas complejas se crearán automáticamente tras bambalinas para ejecutar los cálculos y así el usuario solamente tendrá que realizar tareas muy sencillas de trazar las conexiones de ruta de red compleja. A continuación, algunos consejos para comenzar:

- Inicie agregando un nuevo proyecto si se requiere, del menú de *Proyectos*. Luego, pulse la selección radial de *Ruta de Red Compleja* para acceder a la pestaña de *Diagrama de Red*.

- Utilice los íconos como un apoyo para trazar su ruta de red. Desplace su mouse sobre los íconos para ver sus descripciones. Puede iniciar pulsando el tercer ícono para *Crear una Nueva Tarea,* y después hace clic en cualquier lugar del lienzo de dibujo para insertar dicha tarea.

- Con una tarea existente ya marcada y seleccionada, pulse el cuarto ícono para *Agregar una Submareal.* Esto creará automáticamente la siguiente tarea contigua y el siguiente número de tarea. Usted debe mover esta tarea recién insertada a su nueva posición. Continúe con este proceso según se requiera, para crear su diagrama de red. Puede crear múltiples subtareas a partir de una tarea única existente si ocurren implementaciones simultáneas. Sencillamente arrastre la casilla de tarea recién creada al lugar deseado.

- Haga doble clic en cualquier nodo de tarea para cambiar sus propiedades, tales como agregar un nombre de tarea o cambiar su color.

- Una vez esté completado el diagrama de red, pulse *Crear Modelo*, para generar los algoritmos computacionales con los cuales usted puede ingresar los datos necesarios en la pestaña de *Cronograma y Costos,* como se describió anteriormente.

- Los íconos de la barra de tareas que aparecen en el Gráfico 2.6 serán útiles cuando vaya a crear su propio diagrama complejo personalizado.

  o El ícono *Crear un Nuevo Modelo de Red* despejará el diagrama existente y le permitirá comenzar desde cero.

  o El ícono *Editar Modelo Existente* es igual al botón de Editar Modelo a la derecha. Le permite desbloquear un modelo existente para hacerle modificaciones. Al terminar, asegúrese de pulsar Guardar Cambios para que éstos se actualicen al igual que los enlaces algorítmicos entre tareas (esto también actualizará los cálculos en la pestaña de *Cronograma y Costos*).

  o El ícono *Agregar una Nueva Tarea* agregará la primera tarea (Tarea 1) en el área del lienzo.

o El ícono *Agregar una Nueva Tarea Conectada,* agregará una nueva tarea subsiguiente, y el enlace dependerá en cuál tarea ha seleccionado actualmente antes de hacer clic en este ícono. Cabe anotar que este ícono no funcionará salvo que primero se seleccione un nodo de tarea existente.

o Los íconos *Enlazar Tarea* y *Eliminar Enlace,* se utilizan cuando usted desea agregar o eliminar enlaces entre nodos de tarea. Puede recombinar diferentes tareas o fusionar tareas haciendo clic en una de ellas, después pulsando la tecla de control (Ctrl) y haciendo clic en la segunda tarea que desea juntar y después haciendo clic en el ícono de *Enlazar Tareas* para entonces juntarla. Similarmente, puede pulsar el sexto ícono para *Eliminar Enlace* entre cualesquiera dos tareas.

o El ícono *Insertar Texto o Casilla de Notas* insertará una casilla de texto dependiendo en dónde se hace clic en el lienzo. Puede ajustar la casilla de texto y hacer doble clic allí para insertar su propio texto personalizado. Estas casillas de texto son útiles ya que se utilizan para proporcionar información adicional al modelo visual.

o Los íconos *Deshacer y Rehacer* sencillamente deshacen y rehacen el último comando o función.

o Los íconos *Acercar y Alejar* le permiten cambiar el acercamiento en el diagrama complejo que ha creado para tener una mejor visualización.

o El ícono *Cambiar Lugar del Nombre de la Tarea* cambiará la ubicación en dónde aparecerá el texto de un cierto nodo de tarea seleccionado. Este ícono alternará entre las cuatro posibles ubicaciones de texto alrededor de un nodo de tarea.

o El ícono *Cambiar Ubicación de Enlace de Línea* alternará entre las posibles ubicaciones en donde se puede ubicar la línea de conexión entrante. Algunas veces, dependiendo del modelo creado, esta ubicación de cambio de enlace quizás no brinde opciones adicionales distintas a la única ubicación que existe actualmente.

o El ícono *Configuraciones de Fuente* mostrará las configuraciones estándar de fuente para que usted escoja, pero sólo si primero selecciona el nodo de tarea requerido. Las configuraciones de fuente son específicas para cada nodo de tarea.

o *El ícono Cambiar Tamaño del Fondo* le permite cambiar el tamaño del lienzo para crear su modelo complejo. El tamaño predeterminado es de 1361 × 624 pixeles.

o El ícono *Insertar Nodo Intermedio* le permite insertar un nodo de tarea flotante y numerarlo entre la tarea de inicio y la última tarea que existe actualmente. Después cambiará adecuadamente todos los números de tarea posteriores. Por ejemplo, si su modelo tiene configuradas las Tareas 1-5, ahora puede insertar una Tarea 3 intermedia, y las Tareas 3, 4 y 5 existentes serán renumeradas a las Tareas 4, 5 y 6. Ahora puede seleccionar cualesquiera dos tareas pulsando la tecla de Ctrl y haciendo clic en el quinto ícono para enlazar las tareas. Cabe anotar que podría requerir eliminar manualmente cualquiera de los enlaces incorrectos que aún existan en la medida en que usted agregue una nueva tarea intermedia. Igualmente, cualesquiera enlaces de tarea que se detecten automáticamente como inválidos, serán eliminados.

○ El Ícono *Eliminar Nodo Intermedio* le permite eliminar cualquier nodo intermedio existente. Sencillamente seleccione el nodo de tarea que desea eliminar y haga clic en este ícono para eliminar el nodo.

○ El ícono *Renumerar Nodo Intermedio* se utiliza para renumerar un nodo seleccionado de tarea. Cabe anotar que las tareas enlazadas de manera incorrecta ahora tendrán sus enlaces eliminados automáticamente. Adicionalmente, al renumerar los nodos, ahora usted puede necesitar agregar o eliminar manualmente los enlaces entre los nodos intermedios tal como lo requiera su modelo.

○ El ícono *Auto Renumerar Todos los Nodos,* automáticamente renumerará todos los nodos de tarea al mismo tiempo después de agregar o eliminar todos los nodos intermedios. Esta función renumerará los nodos consecutivamente, evitando cualesquiera valores enteros intermedios faltantes.

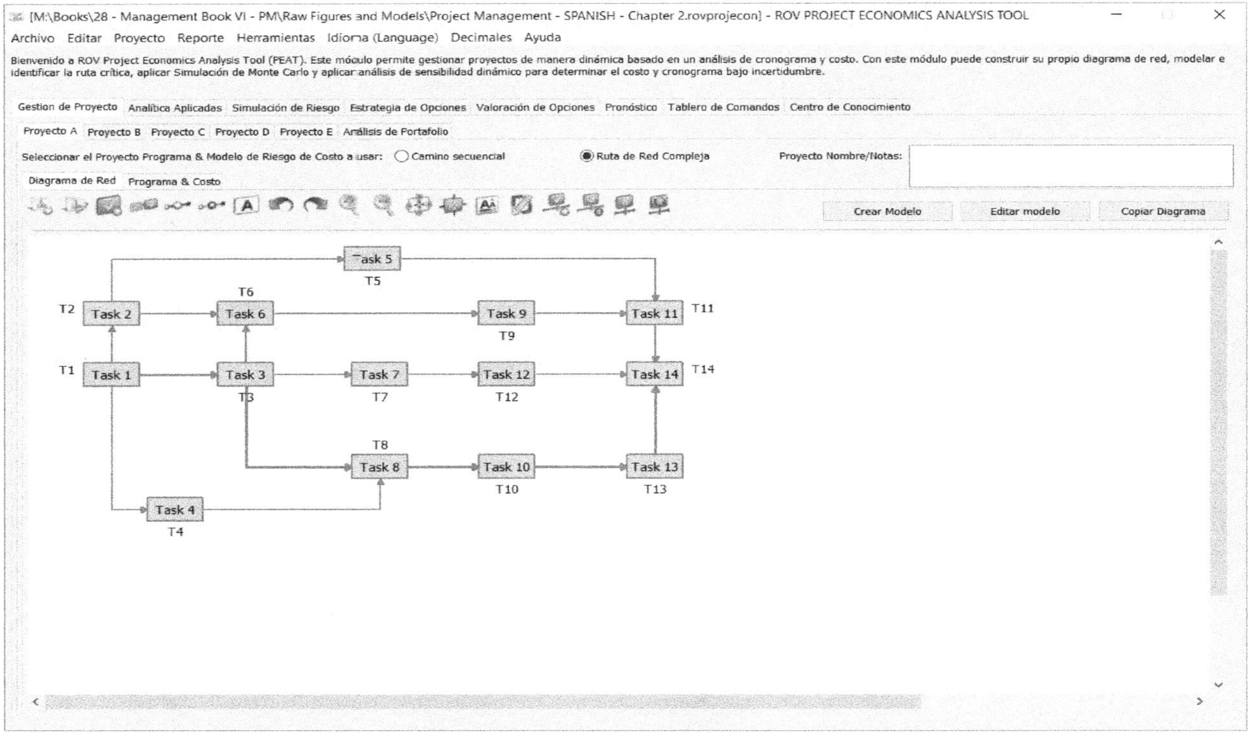
[M:\Books\28 - Management Book VI - PM\Raw Figures and Models\Project Management - SPANISH - Chapter 2.rovprojecon] - ROV PROJECT ECONOMICS ANALYSIS TOOL
Archivo Editar Proyecto Reporte Herramientas Idioma (Language) Decimales Ayuda
Bienvenido a ROV Project Economics Analysis Tool (PEAT). Este módulo permite gestionar proyectos de manera dinámica basado en un análisis de cronograma y costo. Con este módulo puede construir su propio diagrama de red, modelar e identificar la ruta crítica, aplicar Simulación de Monte Carlo y aplicar análisis de sensibilidad dinámico para determinar el costo y cronograma bajo incertidumbre.
Gestion de Proyecto Analítica Aplicadas Simulación de Riesgo Estrategia de Opciones Valoración de Opciones Pronóstico Tablero de Comandos Centro de Conocimiento
Proyecto A Proyecto B Proyecto C Proyecto D Proyecto E Análisis de Portafolio
Seleccionar el Proyecto Programa & Modelo de Riesgo de Costo a usar: Camino secuencial Ruta de Red Compleja
Proyecto Nombre/Notas:
Diagrama de Red Programa & Costo
Crear Modelo Editar modelo Copiar Diagrama
Task 1 Task 2 Task 3 Task 4 Task 5 Task 6 Task 7 Task 8 Task 9 Task 10 Task 11 Task 12 Task 13 Task 14
T1 T2 T3 T4 T5 T6 T7 T8 T9 T10 T11 T12 T13 T14

Gráfico 2.5: Gestión de Proyectos de Ruta Compleja

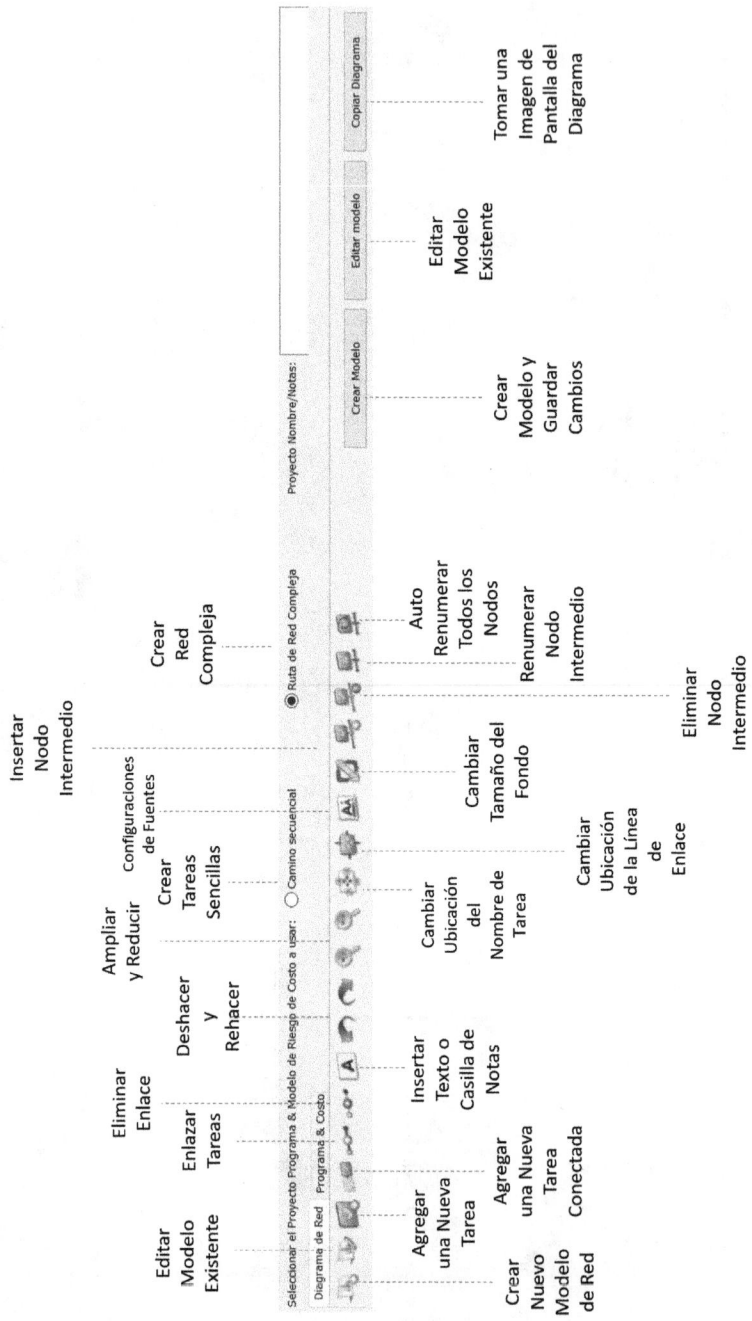

Gráfico 2.6: Íconos de Modelo Complejo

Editar Modelo Existente

Insertar Nodo Intermedio

Eliminar Enlace

Ampliar y Reducir

Configuraciones de Fuentes

Crear Red Compleja

Enlazar Tareas

Deshacer y Rehacer

Crear Tareas Sencillas

Insertar Texto o Casilla de Notas

Cambiar Ubicación del Nombre de Tarea

Cambiar Ubicación de la Línea de Enlace

Cambiar Tamaño del Fondo

Auto Renumerar Todos los Nodos

Renumerar Nodo Intermedio

Eliminar Nodo Intermedio

Agregar una Nueva Tarea

Agregar una Nueva Tarea Conectada

Crear Nuevo Modelo de Red

Crear Modelo y Guardar Cambios

Editar Modelo Existente

Tomar una Imagen de Pantalla del Diagrama

Seleccionar el Proyecto Programa & Modelo de Riesgo de Costo a usar: ○ Camino secuencial   ● Ruta de Red Compleja

Diagrama de Red   Programa & Costo

Proyecto Nombre/Notas:

Crear Modelo   Editar modelo   Copiar Diagrama

Bienvenido a ROV Project Economics Analysis Tool (PEAT). Este módulo permite gestionar proyectos de manera dinámica basado en un análisis de cronograma y costo. Con este módulo puede construir su propio diagrama de red, modelar e identificar la ruta crítica, aplicar Simulación de Monte Carlo y aplicar análisis de sensibilidad dinámico para determinar el costo y cronograma bajo incertidumbre.

Gestión de Proyecto Analítica Aplicadas Simulación de Riesgo Estrategia de Opciones Valoración de Opciones Pronóstico Tablero de Comandos Centro de Conocimiento

Proyecto A Proyecto B Proyecto C Proyecto D Proyecto E Análisis de Portafolio

Seleccionar el Proyecto: ● Ruta de Red Complejo   Proyecto Nombre/Notas:

Diagrama de Red   Programa & Costo

☑ Incluir Análisis de Costo basado en el programa   ☑ Realizar simulación de riesgo
☐ Incluir sobrecoste de Presupuesto & Bufers   ☑ Aplicar valor semilla:
☐ Incluir probabilidades de éxito de cada tarea y Modelar sus impactos

Ensayos de simulación: 123   Correr   ☑ Actualización Auto   Correr Todos Proyectos
Mostrar 14 ◄►   Tareas con 1,000 / 1,000 Semanalmente ▼ Triangular ▼ ☐ Correr Secuencialmente

Tarea	Nombre Tarea	Costos (Costo Fijo)			Calculado	Horario (Semanas)			
		Mínimo	Más probable	Máximo	Costo	Mínimo	Más probable	Máximo	Variable Semanalmente ...
Task 1	T1	34	39	47	800	34	39	47	19.5
Task 2	T2	17	32	37	544	17	32	37	16
Task 3	T3	21	41	48	882	21	41	48	20.5
Task 4	T4	24	27	36	392	24	27	36	13.5
Task 5	T5	25	32	34	544	25	32	34	16
Task 6	T6	29	35	46	648	29	35	46	17.5
Task 7	T7	31	37	37	722	31	37	37	18.5
Task 8	T8	14	20	24	220	14	20	24	10
Task 9	T9	24	38	39	950	30	48	55	19
Task 10	T10	24	38	40	760	24	38	40	19
Task 11	T11	9	12	16	84	9	12	16	6
Task 12	T12	30	31	45	512	30	31	45	15.5
Task 13	T13	40	42	61	924	40	42	48	21
Task 14	T14	16	17	22	162	16	17	22	8.5
	Total Proyecto	**338**	**441**	**532**	**8,141**	**149**	**197.00**	**229**	**7,700**
	Duración Total Esperada						**197.00**	**229**	**7,700**
	Ruta Crítica 1, 3, 8, 10, 13-14				56.30%				
	Ruta Crítica 1, 3, 6, 9, 11, 14				29.70%				

Gráfico 2.7: Modelo Simulado de Costos y Duración para Proyecto Complejo con Ruta Crítica

Modelos de Ruta Crítica (CPM) en Proyectos con Tareas Complejas

Después de ejecutar el modelo, el mapa de ruta compleja muestra la ruta crítica resaltada (Gráfico 2.8) del proyecto, es decir, la ruta que tiene el mayor potencial de cuellos de botella y retrasos para terminar el proyecto a tiempo. Las especificaciones exactas de la ruta y las probabilidades de estar en la ruta crítica se aprecian en el Gráfico 2.7 (p.ej. existe un 56.30% de probabilidad que la ruta crítica esté a lo largo de las Tareas 1, 3, 8, 10, 13, 14).

Si hay múltiples proyectos o implementaciones de ruta en proyectos potenciales, la vista del portafolio (Gráfico 2.9) compara todos los proyectos y las rutas de implementación para que el usuario tome una mejor decisión y que esté sustentada en los riesgos. Las distribuciones simuladas también se pueden superponer (Gráfico 2.10) para fines comparativos.

El Gráfico 2.9 les permite a los usuarios ver todos los proyectos que fueron modelados. Cada proyecto modelado en realidad pueden ser proyectos diferentes o el mismo proyecto modelado bajo diferentes supuestos y opciones de implementación (p.ej. distintas maneras de ejecutar el proyecto), para ver cuál proyecto u opción de ruta de implementación tiene más sentido en términos de los riesgos de costos y cronograma. El *Análisis de Alternativas* seleccionado permite a los usuarios ver cada proyecto de manera independiente (comparado con el *Análisis Incremental* en donde uno de los proyectos se selecciona como el caso de base y todos los demás resultados de los proyectos muestran sus diferencias a partir del caso de base) en términos de costos y cronograma: valores de estimación de punto único, promedios simulados, las probabilidades de que cada uno de los proyectos tenga sobrecostos o retrasos en el cronograma, y el valor de percentil 90 del costo y el cronograma. Por supuesto que se puede obtener un análisis más detallado en la pestaña *Simulación de Riesgos | Resultados de Simulación,* en donde los usuarios pueden visualizar todas las estadísticas de simulación y seleccionar los valores de confianza y percentiles para mostrar. Esta pestaña de *Análisis de Portafolio* también grafica los valores simulados de costos y cronograma utilizando gráficos de burbujas y de barra que ofrecen una representación visual de los principales resultados.

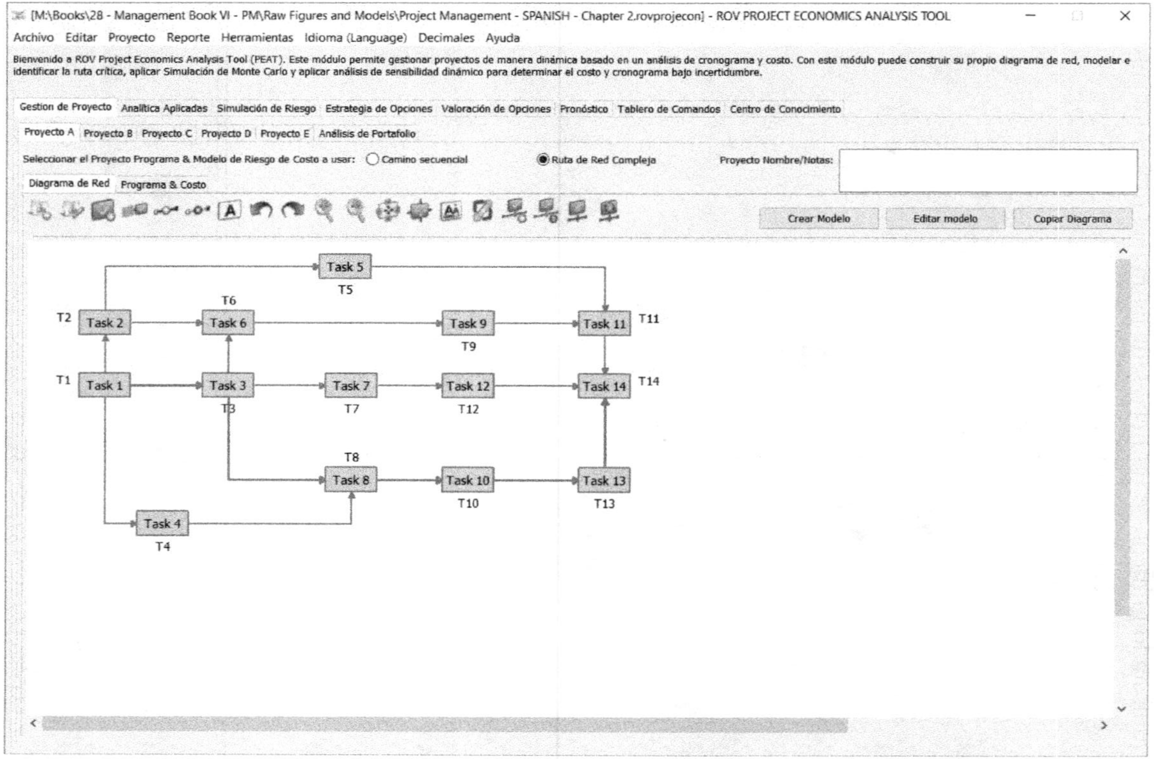

Gráfico 2.8: Ruta Crítica de un Proyecto Complejo

[M:\Books\28 - Management Book VI - PM\Raw Figures and Models\Project Management - SPANISH - Chapter 2.rovprojecon] - ROV PROJECT ECONOMICS ANALYSIS TOOL — □ ×

Archivo Editar Proyecto Reporte Herramientas Idioma (Language) Decimales Ayuda

Bienvenido a ROV Project Economics Analysis Tool (PEAT). Este módulo permite gestionar proyectos de manera dinámica basado en un análisis de cronograma y costo. Con este módulo puede construir su propio diagrama de red, modelar e identificar la ruta crítica, aplicar Simulación de Monte Carlo y aplicar análisis de sensibilidad dinámico para determinar el costo y cronograma bajo incertidumbre.

Gestión de Proyecto Analítica Aplicadas Simulación de Riesgo Estrategia de Opciones Valoración de Opciones Pronóstico Tablero de Comandos Centro de Conocimiento

Proyecto A Proyecto B Proyecto C Proyecto D Proyecto E Análisis de Portafolio

Análisis de Alternativas

- (●) (Sin Caso Base)
- ( ) Análisis Incremental (Escoja Caso Base)

Proyecto A

☐ Ejecutar secuencialmente

Correr todos los proyectos

90.00%

Resultados Económicos

	Proyecto...	Proyecto...	Proyecto...	Proyecto C	Proyecto...	Proyecto E
Costo Proyecto Esperado	8,141	6,298	8,921	377,408		867,054
Programa del Proyecto Esperado	197.00*	130.00*	408.00*	34.65		36.50
Costo promedio simulado del proyecto	7,947	6,320	10,101	287,754		655,456
Programa de proyecto-promedio simulado	193.58*	129.91*	462.02*	35.39		38.10
Probabilidad de exces del costo esperado	19.29%	59.33%	99.06%	28.31%		52.63%
Probabilidad de exces del programa esperado	32.64%*	47.37%*	97.92%*	65.68%		80.26%
90.00% Costo porcentil	8,219	6,443	10,852	392,546		970,998
90.00% Programa porcentil	202.56*	131.86*	498.89*	37.65		40.53

*basado en ruta de duración máxima para diagramas complejos de red

Probabilidad de exceso del costo esperado   90.00% Programa porcentil   2D Barra

Vista de Portafolio de Inversión   90.00% Programa porcentil

Tablas...   Tablas...   Copiar Tabla

Costo Proyecto Esperado

Programa del Proyecto Esperado

Tablas...   Vista de Portafolio de Inversión   Copiar Tabla

Both   A

Vista de Portafolio de Inversión

- Proyecto A
- Proyecto B
- Proyecto C
- Proyecto D
- Proyecto E

Programa del Proyecto Esperado

Costo Proyecto Esperado

Y-axis

90.00% Programa porcentil

Proyecto

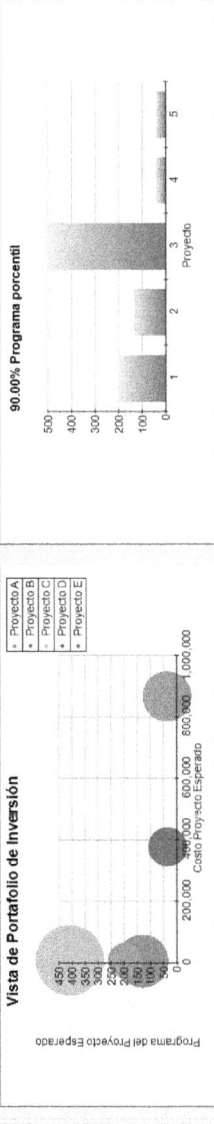

Gráfico 2.9: Vista de Portafolio de Múltiples Proyectos al Mismo Tiempo

Comparar y Superponer
Resultados Simulados

La tabla de *Superposición* en el Gráfico 2.10 muestra los costos o cronogramas simulados de múltiples proyectos que están superpuestos uno encima del otro para ver sus diferenciales-*[spreads]* relativos, ubicación y asimetría de los resultados. Claramente vemos que el proyecto cuya distribución está a la derecha tiene un costo mucho más alto de terminación que el de la izquierda. El proyecto de la derecha también tiene un nivel ligeramente más alto de incertidumbre en términos de diferenciales de costo. En los Apéndices, conocerá más detalles sobre cómo interpretar estas tablas de PDF y CDF, al igual sobre cómo tomar decisiones mejor informadas utilizando sus resultados.

Finalmente, el Gráfico 2.11 muestra una comparación de *Análisis de Alternativas* de los resultados simulados de los proyectos. Mientras que el Gráfico 2.9 exhibe el valor esperado de los costos y cronograma del proyecto (no las estimaciones simuladas, estáticas y de punto único), el Gráfico 2.11 muestra los resultados simulados.

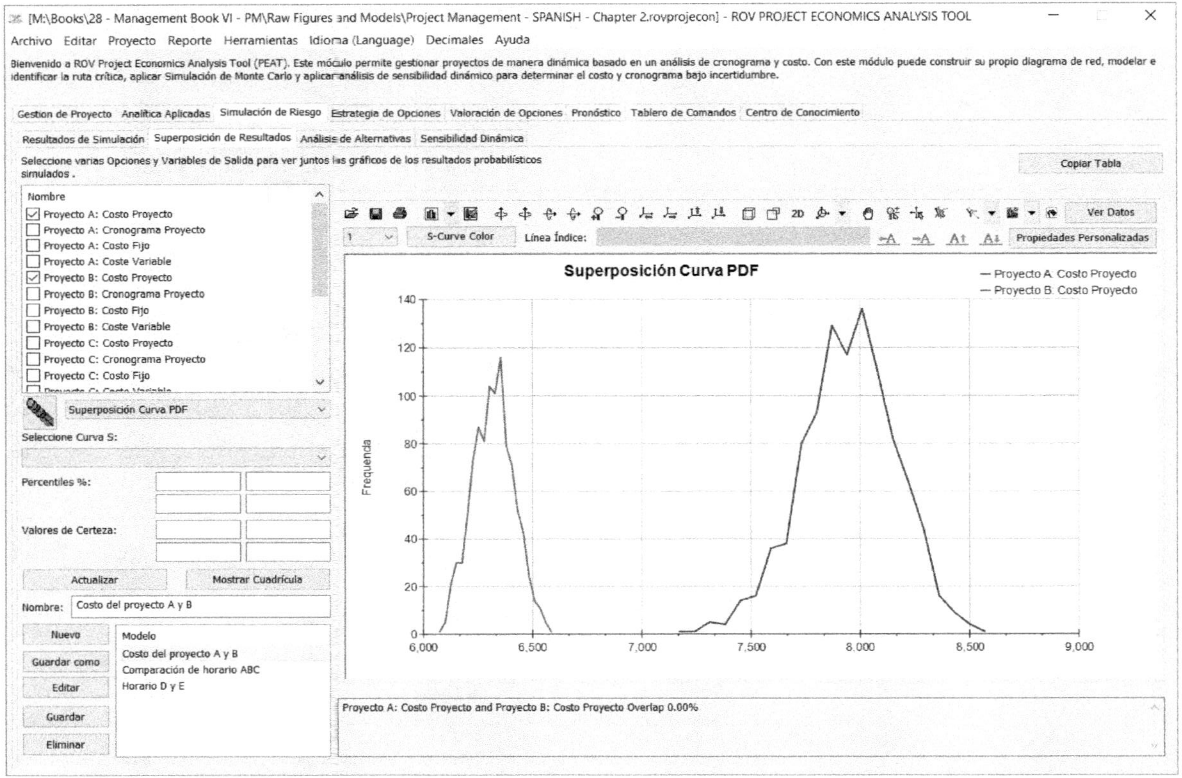

Gráfico 2.10: Tablas Superpuestas de los Costos y Cronogramas de Múltiples Proyectos

Archivo Editar Proyecto Reporte Herramientas Idioma (Language) Decimales Ayuda

Bienvenido a ROV Project Economics Analysis Tool (PEAT). Este módulo permite gestionar proyectos de manera dinámica basado en un análisis de cronograma y costo. Con este módulo puede construir su propio diagrama de red, modelar e identificar la ruta crítica, aplicar Simulación de Monte Carlo y aplicar análisis de sensibilidad dinámico para determinar el costo y cronograma bajo incertidumbre.

Gestión de Proyecto Analítica Aplicadas Simulación de Resgo Estrategia de Opciones Valoración de Opciones Pronóstico Tablero de Comandos Centro de Conocimiento

Resultados de Simulación Superposición de Resultados Análisis de Alternativas Sensibilidad Dinámica

Usted puede comparar los resultados dinámicos simulados para todas sus opciones. La simulación debe ser corrida antes de que usted obtenga cualquier resultado. Elija si desea comparar todas las opciones de forma independiente (Análisis de Alternativas) o contra un caso base (Análisis Incremental).

ANÁLISIS DE ALTERNATIVAS Y ANÁLISIS INCREMENTAL DE CASO BASE

⦿ Análisis de Alternativas (Sin Caso Base)   ◯ Análisis Incremental (Escoja Caso Base)

Resultados   Costo Proyecto

OPCIONES	Proyecto A	Proyecto B	Proyecto C	Proyecto D	Proyecto E
⦿ Media	7,946.88	6,319.95	10,101.49	287,753.98	655,455.73
◯ Mediana	7,956.44	6,322.84	10,073.73	360,951.04	876,303.32
◯ Desv Estándar	216.26	93.80	562.02	144,177.68	380,267.16
◯ Varianza	46,721.32	8,789.45	315,554.08	2.08E+010	1.44E+011
◯ CV	2.72%	1.48%	5.56%	50.10%	58.02%
◯ Sesgo	-0.2320	0.0299	0.2105	-1.1694	-0.8253
◯ Curtosis	0.0965	-0.3617	-0.1594	-0.4632	-1.1044
◯ Mínimo	7,171.67	6,075.37	8,577.90	4,990.23	3,973.45
◯ Máximo	8,569.77	6,583.74	12,075.36	421,715.52	1,092,774.16
◯ Rango	1,398.10	508.37	3,497.47	416,725.29	1,088,800.71
◯ 0% Percentil	7,171.67	6,075.37	8,577.90	4,990.23	3,973.45
◯ 5% Percentil	7,577.21	6,159.55	9,203.16	7,932.97	7,046.86
◯ 10% Percentil	7,669.70	6,195.54	9,391.90	9,664.41	8,529.45
◯ 20% Percentil	7,771.25	6,237.92	9,612.70	98,931.68	101,259.78
◯ 30% Percentil	7,839.87	6,268.17	9,789.45	336,815.01	375,235.12
◯ 40% Percentil	7,896.40	6,296.80	9,934.71	352,620.79	839,234.70
◯ 50% Percentil	7,956.44	6,322.84	10,073.73	360,951.04	876,303.32
◯ 60% Percentil	8,004.05	6,346.71	10,198.06	369,695.09	900,045.11
◯ 70% Percentil	8,066.52	6,367.78	10,373.05	376,281.93	920,911.25
◯ 80% Percentil	8,133.06	6,399.23	10,588.28	383,325.48	942,555.90
◯ 90% Percentil	8,219.03	6,443.18	10,851.72	392,545.57	970,997.73
◯ 95% Percentil	8,288.14	6,473.57	11,045.12	399,508.28	997,494.70
◯ 100% Percentil	8,569.77	6,583.74	12,075.36	421,715.52	1,092,774.16

Proyecto A
2 ⟷ Decimales

Costo Proyecto (Options)

800,000.00

600,000.00

400,000.00

200,000.00

0.00
            1   2   3   4   5
                   Options

2D Barra   Copiar Table

Gráfico 2.11: Análisis de Alternativas

CÁLCULOS DE LOS RIESGOS EN COSTOS & CRONOGRAMAS

En este capítulo vemos el modelo de tarea compleja y sus cálculos manuales para determinar los riesgos en los costos y cronogramas. El modelo ilustrado en el Gráfico 3.1 es un modelo de cronograma de red compleja para el proyecto que aparece a la derecha con las 24 tareas (nodos). La red está representada por el diseño de Actividad-en-Nodo. Los nodos en la red corresponden a cada tarea de proyecto que aparece en el gráfico. Las flechas en el gráfico indican las relaciones precedentes entre las tareas. Se puede desarrollar un modelo de cronograma al asignar un supuesto de entrada para cada tarea, que represente la probabilidad de terminar la tarea determinada en una duración específica. Usualmente, se asigna una distribución triangular a cada actividad utilizando tres parámetros: 1) el tiempo mínimo para completar una actividad, 2) el tiempo más probable para completar una actividad, y 3) el tiempo máximo esperado para completar una actividad. Posteriormente uno debe determinar el comienzo, el final y cualesquiera puntos de fusión de la red. Los puntos de fusión son aquellos en los que confluyen diferentes rutas. En la ilustración, las Tareas 12 y 18 son puntos de fusión. El comienzo y el final se pueden considerar como puntos de pseudo-fusión.

Usted creará entonces, las fórmulas para calcular las duraciones de varias rutas desde el punto de fusión al punto de fusión y retendrá la ruta de duración más larga (máxima) como la duración subtotal para esa parte de la red.

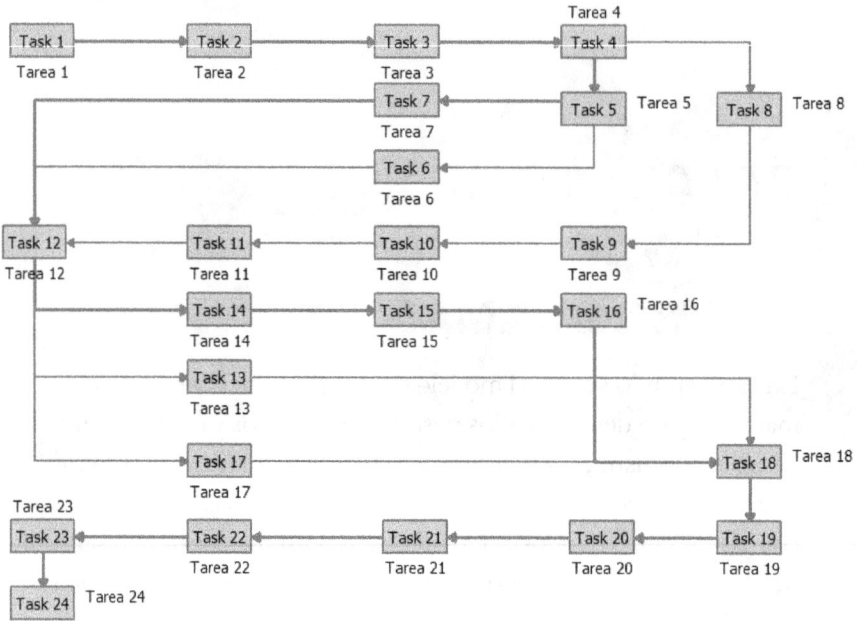

Gráfico 3.1: Muestra del Modelo de Tarea Compleja

Riesgo del Cronograma

El Gráfico 3.2 exhibe la muestra de las entradas del cronograma en días. Con el fin de ilustrar los cálculos paso-a-paso, vamos a emplear una hoja de cálculo de Excel.

El primer subtotal suma las duraciones para las Tareas 1 al 4 (Tareas 1-4). El siguiente subtotal es la duración máxima de las rutas Tareas 5&6, Tareas 5&7 y Tareas 8-11. El tercer subtotal es la duración de la Tarea 12. El cuarto subtotal es la duración máxima de la Tareas 13, 14-16 y 17. El último subtotal suma la duración para las tareas restantes (Tareas 18-24). La suma de los subtotales es el pronóstico para el cronograma completo. Cuando ejecute el modelo, usted obtendrá el pronóstico de todo el rango de duraciones posibles para el proyecto completo.

A	B	C	D	E	F
1			Duración		
2	Tarea	Minimo	Más Probable	Maximo	Simulación
3	T1	2	5	10	5.00
4	T2	5	10	15	10.00
5	T3	30	45	90	45.00
6	T4	5	10	15	10.00
7	T5	30	45	90	45.00
8	T6	5	10	15	10.00
9	T7	15	25	60	25.00
10	T8	10	20	60	20.00
11	T9	5	15	30	15.00
12	T10	5	10	15	10.00
13	T11	15	25	45	25.00
14	T12	15	20	30	20.00
15	T13	20	30	45	30.00
16	T14	30	45	60	45.00
17	T15	15	30	45	30.00
18	T16	5	10	20	10.00
19	T17	10	15	25	15.00
20	T18	15	30	60	30.00
21	T19	10	15	30	15.00
22	T20	15	30	60	30.00
23	T21	5	10	15	10.00
24	T22	30	60	90	60.00
25	T23	5	10	15	10.00
26	T24	5	0	12	8.00

Gráfico 3.2: Muestra de las Entradas del Cronograma

- Subtotal 1 = 70.00
    - SUMA(F3:F6) o 5 + 10 + 45 + 10 = 70
    - Suma de la duración para las Tareas 1–4
- Subtotal 2 = 70.00
    - MAX(SUMA(F7:F8),SUM(F7,F9),SUM(F10:F13)) o MAX(45+10, 45+25, 20+15+10+25) = 70
    - Máximo de (Tareas 5 & 6, Tareas 5 & 7, Tareas 8–11)
- Subtotal 3 = 20.00
    - F14 o 20
    - Duración de la Tarea 12
- Subtotal 4 = 85.00
    - MAX(F15,SUMA(F16:F18),F19) o MAX (30, 45 + 30 + 10, 15) = 85
    - Máximo de (Tarea 13, Tareas 14–16, Tarea 17)
- Subtotal 5 = 163.00
    - SUMA(F20:F26) o 30 + 15 + 30 + 10 + 60 + 10 + 8 = 163
    - Suma de la duración de las Tareas 18–24
- TOTAL = 408.00
    - 70 + 70 + 20 + 85 + 163 = 408
    - Cronograma del Pronóstico de Salida para toda la red

Riesgo de Costos

El Gráfico 3.3 exhibe algunas entradas de muestra para los costos fijos y variables.

- Costo Fijo = 36.00
    - $1.5 + 1.5 + \ldots + 1.5 = 36$
- Costo Variable = Costo Unitario × Duración Simulada del Cronograma
    - $0.2 \times 5 + 0.2 \times 10 + \ldots + 0.2 \times 8 = 106.60$
- Costo Total = Costo Fijo + Costo Variable
    - $36.0 + 106.6 = 142.6$

Costos Fijo (CF)					Costos Variable (CV)	
Tarea	Minimo	Más Probable	Maximo	Simulación	Costo Unitario	Total Costos Variable
T1	$1.0	$1.5	$3.0	1.50	$0.2	$1.0
T2	$1.0	$1.5	$3.0	1.50	$0.2	$2.0
T3	$1.0	$1.5	$3.0	1.50	$0.2	$9.0
T4	$1.0	$1.5	$3.0	1.50	$0.2	$2.0
T5	$1.0	$1.5	$3.0	1.50	$0.2	$9.0
T6	$1.0	$1.5	$3.0	1.50	$0.2	$2.0
T7	$1.0	$1.5	$3.0	1.50	$0.2	$5.0
T8	$1.0	$1.5	$3.0	1.50	$0.2	$4.0
T9	$1.0	$1.5	$3.0	1.50	$0.2	$3.0
T10	$1.0	$1.5	$3.0	1.50	$0.2	$2.0
T11	$1.0	$1.5	$3.0	1.50	$0.2	$5.0
T12	$1.0	$1.5	$3.0	1.50	$0.2	$4.0
T13	$1.0	$1.5	$3.0	1.50	$0.2	$6.0
T14	$1.0	$1.5	$3.0	1.50	$0.2	$9.0
T15	$1.0	$1.5	$3.0	1.50	$0.2	$6.0
T16	$1.0	$1.5	$3.0	1.50	$0.2	$2.0
T17	$1.0	$1.5	$3.0	1.50	$0.2	$3.0
T18	$1.0	$1.5	$3.0	1.50	$0.2	$6.0
T19	$1.0	$1.5	$3.0	1.50	$0.2	$3.0
T20	$1.0	$1.5	$3.0	1.50	$0.2	$6.0
T21	$1.0	$1.5	$3.0	1.50	$0.2	$2.0
T22	$1.0	$1.5	$3.0	1.50	$0.2	$12.0
T23	$1.0	$1.5	$3.0	1.50	$0.2	$2.0
T24	$1.0	$1.5	$3.0	1.50	$0.2	$1.6

Total CF $24.0 $36.0 $72.0

Total CV $106.6
Total Costos $142.6

Gráfico 3.3: Muestra de Entradas de Costos

Utilizar PEAT para Modelar los Riesgos en los Costos y el Cronograma

Por medio del módulo de Gestión de Proyectos de PEAT, replicamos el modelo complejo del Gráfico 3.1, tal como se aprecia en el Gráfico 3.4. Se utilizó el mismo enfoque para crear el modelo que se mencionó anteriormente en el Capítulo 2. Posteriormente los supuestos de entrada que aparecen en los Gráficos 3.2 y 3.3 fueron ingresados en PEAT (Gráficos 3.5 y 3.6).

Se ejecutó la simulación de riesgos de Monte Carlo, y las probabilidades de la ruta crítica se aprecian en el Gráfico 3.6 en la parte inferior de la pantalla. Existen únicamente dos rutas críticas probables, 1–5, 7, 12, 14–16, 18–24 y 1–4, 8–12, 14–16, 18–24. Lo que indica que las dos rutas críticas son muy similares, excepto por las Tareas 5, 7, y 12 versus 8–12. Más adelante, vemos en el Gráfico 3.6 que el cronograma total más probable es de 408 semanas, y los costos fijos totales son USD$24, $36, $72, siendo el costo total de USD$143. Estos son los resultados exactos de nuestros cálculos manuales en los Gráficos 3.2 y 3.3.

El Gráfico 3.7 muestra la ruta crítica principal (la que tiene la probabilidad de ocurrencia más alta), y el Gráfico 3.8 exhibe el cronograma simulado con una media de 458.42 semanas y un valor de percentil 99 en 519.10 semanas. Esto significa que el usar una estimación de punto único de 408 semanas arrojaría una evaluación completamente equivocada del riesgo real del cronograma. En promedio, habría un retraso en el cronograma de 50.42 semanas. En el peor de los casos, aún estamos seguros que, en el 99% del tiempo, el proyecto estará terminado en 519.0 semanas.

El Gráfico 3.9 muestra el costo simulado, en donde la media es de USD$162.86M con un intervalo de confianza de 90% y ese costo estará entre USD$151.57M y USD$173.91M. Esto significa que existe un 5% de probabilidad que el costo esté por debajo de los USD$151.57M y 5% de probabilidad que estará por encima de los USD$173.91M. Esto está lejos de la estimación de punto único de USD$143M. En este caso, habrá un sobrecosto promedio en el presupuesto de USD$19.86M. Con base en las proyecciones y en caso de no aplicar la simulación, el proyecto estaría considerablemente por encima del presupuesto y muy retrasado.

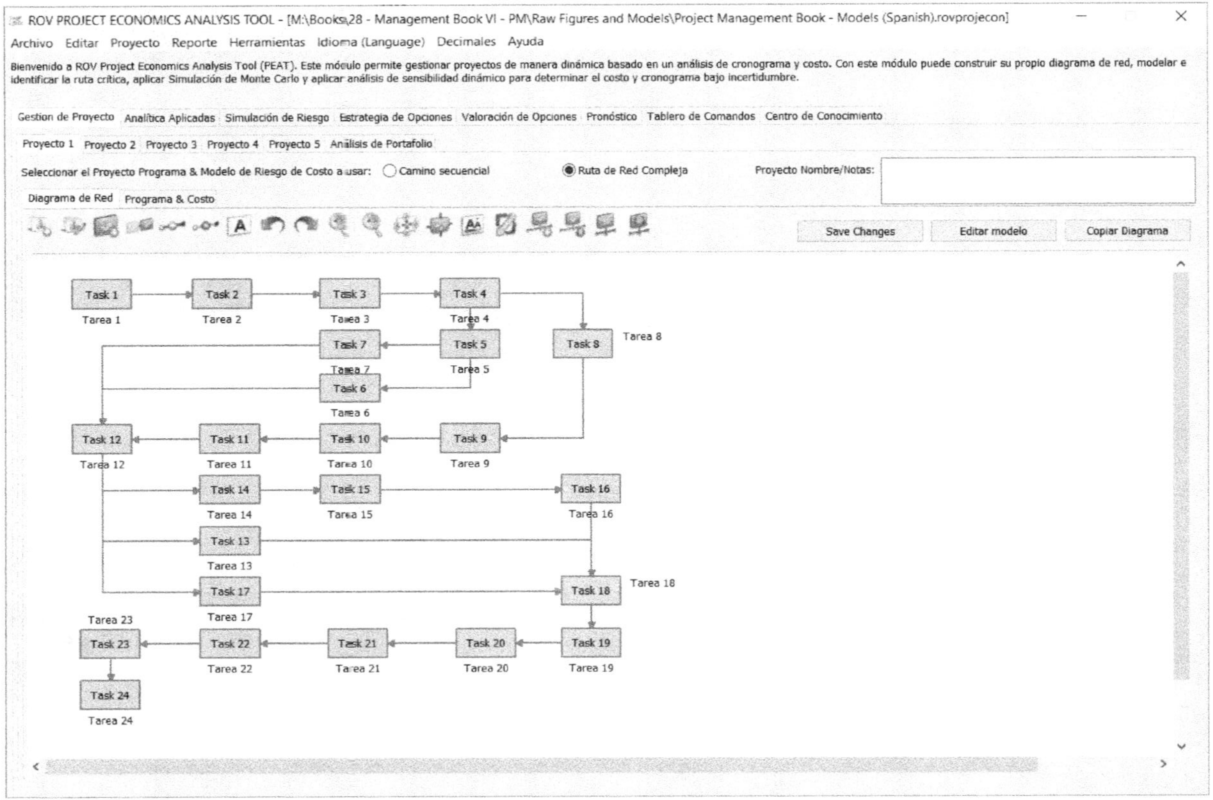

Gráfico 3.4: Diagrama de Tareas de Red en PEAT

Archivo   Editar   Proyecto   Reporte   Herramientas   Idioma (Language)   Decimales   Ayuda

Bienvenido a ROV Project Economics Analysis Tool (PEAT). Este módulo permite gestionar proyectos de manera dinámica basado en un análisis de cronograma y costo. Con este módulo puede construir su propio diagrama de red, modelar e identificar la ruta crítica, aplicar Simulación de Monte Carlo y aplicar análisis de sensibilidad dinámico para determinar el costo y cronograma bajo incertidumbre.

Gestion de Proyecto   Analítica Aplicadas   Simulación de Riesgo   Estrategia de Opciones   Valoración de Opciones   Pronóstico   Tablero de Comandos   Centro de Conocimiento

Proyecto 1   Proyecto 2   Proyecto 3   Proyecto 4   Proyecto 5   Análisis de Portafolio

Seleccionar el Proyecto Programa & Modelo de Riesgo de Costo a usar: ○ Camino secuencial   ● Ruta de Red Complejo   Proyecto Nombre/Notas:

Diagrama de Red   Programa & Costo

☑ Incluir Análisis de Costo basado en el programa   ☑ Realizar simulación de riesgo
☐ Incluir sobrecoste de Presupuesto & Bufers   ☐ Aplicar valor semilla:
☐ Incluir probabilidades de éxito de cada tarea y Modelar sus impactos   Mostrar

Ensayos de simulación: 1,000   ☑ Actualización Auto   Correr   Correr Todos Proyectos
Tareas con   Semanalmente   Triangular   ☐ Correr Secuencialmente

123   24

| Tarea | Nombre Tarea | Costos (Costo Fijo) | | | Calculado | Horario (Semanas) | | | Variable |
		Mínimo	Más probable	Máximo	Costo	Mínimo	Más probable	Máximo	Semanalmente C...
Task 1	Tarea 1	1.0	1.5	3.0	3	2	5	10	0.2
Task 2	Tarea 2	1.0	1.5	3.0	4	5	10	15	0.2
Task 3	Tarea 3	1.0	1.5	3.0	11	30	45	90	0.2
Task 4	Tarea 4	1.0	1.5	3.0	4	5	10	15	0.2
Task 5	Tarea 5	1.0	1.5	3.0	11	30	45	90	0.2
Task 6	Tarea 6	1.0	1.5	3.0	4	5	10	15	0.2
Task 7	Tarea 7	1.0	1.5	3.0	7	15	25	60	0.2
Task 8	Tarea 8	1.0	1.5	3.0	6	10	20	60	0.2
Task 9	Tarea 9	1.0	1.5	3.0	5	5	15	30	0.2
Task 10	Tarea 10	1.0	1.5	3.0	4	5	10	15	0.2
Task 11	Tarea 11	1.0	1.5	3.0	7	15	25	45	0.2
Task 12	Tarea 12	1.0	1.5	3.0	6	15	20	30	0.2
Task 13	Tarea 13	1.0	1.5	3.0	8	20	30	45	0.2
Task 14	Tarea 14	1.0	1.5	3.0	11	30	45	60	0.2
Task 15	Tarea 15	1.0	1.5	3.0	8	15	30	45	0.2
Task 16	Tarea 16	1.0	1.5	3.0	4	5	10	20	0.2
Task 17	Tarea 17	1.0	1.5	3.0	5	10	15	25	0.2
Task 18	Tarea 18	1.0	1.5	3.0	8	15	30	60	0.2

Gráfico 3.5: Entradas de Costos Fijos, Cronograma y Costos Variables

Archivo   Editar   Proyecto   Reporte   Herramientas   Idioma (Language)   Decimales   Ayuda

Bienvenido a ROV Project Economics Analysis Tool (PEAT). Este módulo permite gestionar proyectos de manera dinámica basado en un análisis de cronograma y costo. Con este módulo puede construir su propio diagrama de red, modelar e identificar la ruta crítica, aplicar Simulación de Monte Carlo y aplicar análisis de sensibilidad dinámico para determinar el costo y cronograma bajo incertidumbre.

Gestión de Proyecto   Analítica Aplicada   Simulación de Riesgo   Estrategia de Opciones   Valoración de Opciones   Pronóstico   Tablero de Comandos   Centro de Conocimiento

Proyecto 1   Proyecto 2   Proyecto 3   Proyecto 4   Proyecto 5   Análisis de Portafolio

Seleccionar el Proyecto Programa & Modelo de Riesgo de Costo a usar: ○ Camino secuencial   ● Ruta de Red Compleja   Proyecto Nombre/Notas:

Diagrama de Red   Programa & Costo

☑ Incluir Análisis de Costo basado en el programa   ☑ Realizar simulación de riesgo   Ensayos de simulación: 1,000   Correr   Correr Todas Proyectos
☐ Incluir sobrecoste de Presupuesto & Buffers   ☑ Aplicar valor semilla: 123   ☑ Actualización Auto   ☐ Correr Secuencialmente
☐ Incluir probabilidades de éxito de cada tarea y Modelar sus impactos   Mostrar 24 ▾   Tareas con   Semanalmente ▾   Triangular ▾

Task 16	Tarea 16	1.0	1.5	3.0	4	5	10	20	0.2
Task 17	Tarea 17	1.0	1.5	3.0	5	10	15	25	0.2
Task 18	Tarea 18	1.0	1.5	3.0	8	15	30	60	0.2
Task 19	Tarea 19	1.0	1.5	3.0	5	10	15	30	0.2
Task 20	Tarea 20	1.0	1.5	3.0	8	15	30	60	0.2
Task 21	Tarea 21	1.0	1.5	3.0	4	5	10	15	0.2
Task 22	Tarea 22	.0	1.5	3.0	14	30	60	90	0.2
Task 23	Tarea 23	.0	1.5	3.0	4	5	10	15	0.2
Task 24	Tarea 24	.0	1.5	3.0	3	5	8	12	0.2
Total Proyecto		**24**	**36**	**72**	**143**	**237**	**408.00**	**717**	**107**

Duración Total Esperada

Ruta Crítica 1-5, 7, 12, 14-16, 18-24	54.20%
Ruta Crítica 1-4, 8-12, 14-16, 18-24	45.80%
Ruta Crítica 1-4, 8-12, 17-24	0.00%
Ruta Crítica 1-5, 7, 12-13, 18-24	0.00%
Ruta Crítica 1-6, 12, 14-16, 18-24	0.00%
Ruta Crítica 1-6, 12, 17-24	0.00%
Ruta Crítica 1-5, 7, 12, 17-24	0.00%
Ruta Crítica 1-4, 8-13, 18-24	0.00%
Ruta Crítica 1-6, 12-13, 18-24	0.00%

Gráfico 3.6: Rutas Críticas Simuladas

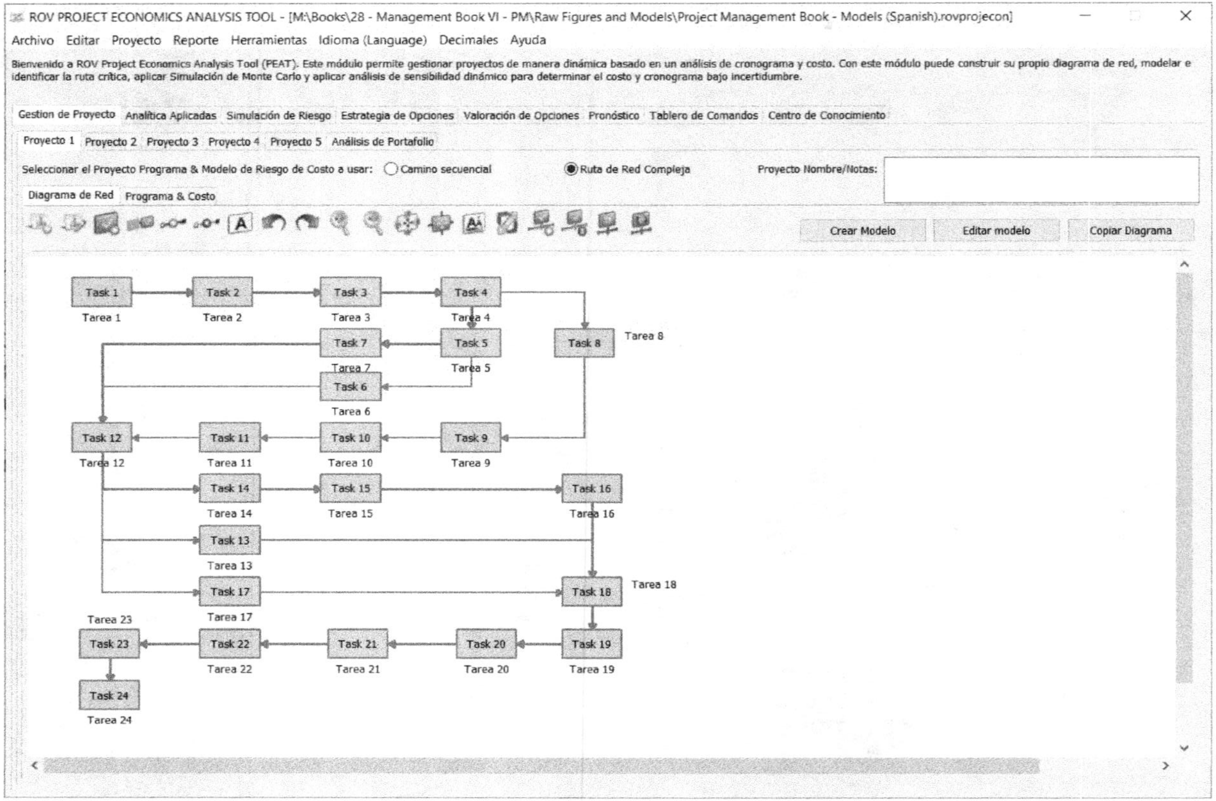

Gráfico 3.7: Ruta Crítica Principal

ROV PROJECT ECONOMICS ANALYSIS TOOL - [M:\Books28 - Management Book VI - PM\Raw Figures and Models\Project Management Book - Models (Spanish).rovprojecon] — □ ×

Archivo Editar Proyecto Reporte Herramientas Idioma (Language) Decimales Ayuda

Bienvenido a ROV Project Economics Analysis Tool (PEAT). Este módulo permite gestionar proyectos de manera dinámica basado en un análisis de cronograma y costo. Con este módulo puede construir su propio diagrama de red, modelar e identificar la ruta crítica, aplicar Simulación de Monte Carlo y aplicar análisis de sensibilidad dinámico para determinar el costo y cronograma bajo incertidumbre.

Gestión de Proyecto Analítica Aplicadas Simulación de Riesgo Estrategia de Opciones Valoración de Opciones Pronóstico Tablero de Comandos Centro de Conocimiento

Resultados de Simulación Superposición de Resultados Análisis de Alternativas Sensibilidad Dinámica

Seleccionar la Opción y la Variable de Salida para ver los resultados:

Proyecto 1: Cronograma Proyecto

Bar Tipo: Bar   Bar Color   Línea Índice: -A -A At At   Ver Datos   Propiedades Personalizadas   S-Curve Color

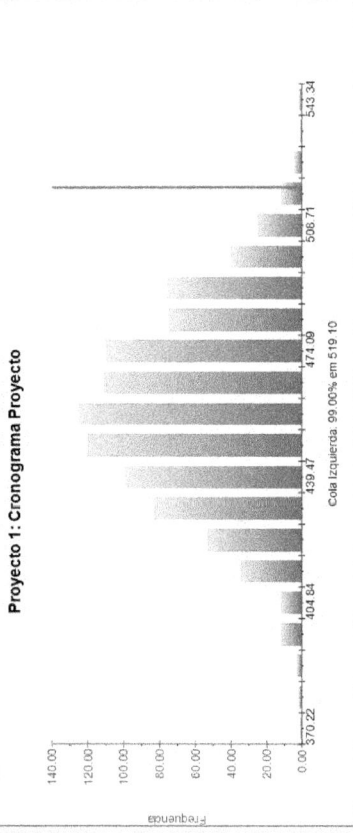

Proyecto 1: Cronograma Proyecto

Estadísticas/Percentil	Valor
Ensayos	1,000
Media	458.4153
Mediana	458.2247
DesvEstandar	27.2560
CV	5.9457%
Sesgo	-0.0001
Curtosis	-0.1553
Mínimo	370.2206
Máximo	543.3361
Rango	173.1156
0%	370.2206
5%	413.6100
10%	423.5614
20%	435.1937
30%	443.8435
40%	450.9205
50%	458.2247

Nombre: Proyecto 1 Cronograma (99% Cola Izquierda)

Modelo
Proyecto 1 Costo 90% Intervalo de Confianza
Proyecto 1 Cronograma (99% Cola Izquierda)

Nuevo
Guardar como
Editar
Guardar
Eliminar

Al guardar, incluir los datos y los resultados simulados (esto puede resultar en más lenta respuesta y archivos de mayor tamaño)

4 ◄► Decimales

Abrir   Guardar

Cola Izquierda, 99.00% em 519.10

370.22 404.84 439.47 474.09 508.71 513.34

Frecuencia

Mostrar líneas verticales en:

Percentiles %:   Valores de Certeza:

Mostrar info.   Copiar Tabla   Histograma PDF   Mostrar Cuadrícula

Calcular y Mostrar líneas en: Cola Izquierda

Actualizar   Percentiles: 99.00 %   Confianza: 519.10   Mostrar info.   ExtraerDatos de Simulación

Gráfico 3.8: Perfil Simulado de Riesgos del Cronograma

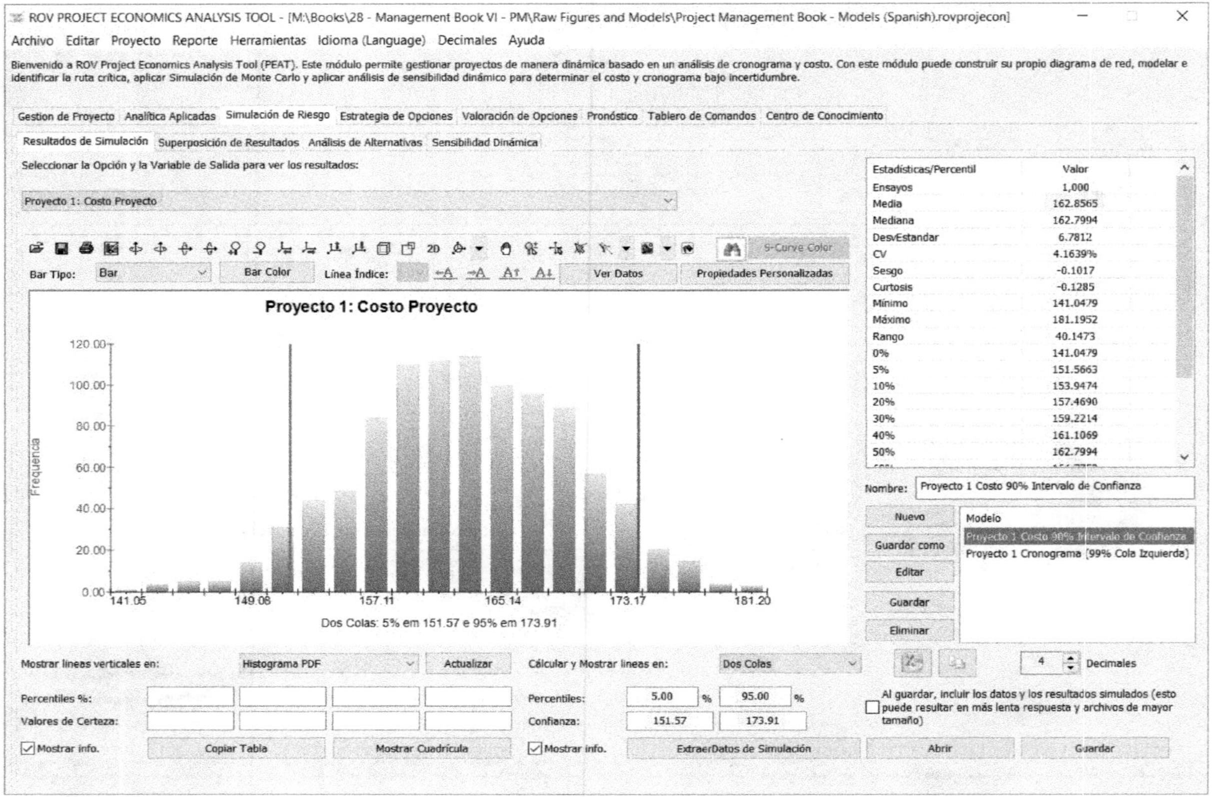

ROV PROJECT ECONOMICS ANALYSIS TOOL - [M:\Books\28 - Management Book VI - PM\Raw Figures and Models\Project Management Book - Models (Spanish).rovprojecon]

Archivo   Editar   Proyecto   Reporte   Herramientas   Idioma (Language)   Decimales   Ayuda

Bienvenido a ROV Project Economics Analysis Tool (PEAT). Este módulo permite gestionar proyectos de manera dinámica basado en un análisis de cronograma y costo. Con este módulo puede construir su propio diagrama de red, modelar e identificar la ruta crítica, aplicar Simulación de Monte Carlo y aplicar análisis de sensibilidad dinámico para determinar el costo y cronograma bajo incertidumbre.

Gestión de Proyecto   Analítica Aplicadas   Simulación de Riesgo   Estrategia de Opciones   Valoración de Opciones   Pronóstico   Tablero de Comandos   Centro de Conocimiento

Resultados de Simulación   Superposición de Resultados   Análisis de Resultados   Análisis de Alternativas   Sensibilidad Dinámica

Seleccionar la Opción y la Variable de Salida para ver los resultados:

Proyecto 1: Costo Proyecto

Bar Tipo: Bar   Bar Color   Línea Índice: Ver Datos   Propiedades Personalizadas   S-Curve Color

Proyecto 1: Costo Proyecto

Dos Colas: 5% em 151.57 e 95% em 173.91

Estadísticas/Percentil	Valor
Ensayos	1,000
Media	162.8565
Mediana	162.7994
DesEstándar	6.7812
CV	4.1639%
Sesgo	-0.1017
Curtosis	-0.1285
Mínimo	141.0479
Máximo	181.1952
Rango	40.1473
0%	141.0479
5%	151.5663
10%	153.9474
20%	157.4690
30%	159.2214
40%	161.1069
50%	162.7994

Nombre: Proyecto 1 Costo 90% Intervalo de Confianza

Modelo

Proyecto 1 Costo 90% Intervalo de Confianza
Proyecto 1 Cronograma (99% Cola Izquierda)

Nuevo   Guardar como   Editar   Guardar   Eliminar

Al guardar, incluir los datos y los resultados simulados (esto puede resultar en más lenta respuesta y archivos de mayor tamaño)

4   Decimales

Abrir   Guardar

Mostrar líneas verticales en:

Percentiles %:   Valores de Certeza:
Mostrar info.

Histograma PDF   Actualizar   Copiar Tabla   Mostrar Cuadrícula

Calcular y Mostrar líneas en: Dos Colas
Percentiles: 5.00   %   95.00   %
Confianza: 151.57   173.91
Mostrar info.   Extraer/Datos de Simulación

Gráfico 3.9: Perfil Simulado de Riesgos del Cronograma

SIMULACIÓN DEL CRONOGRAMA

En ocasiones, las fechas exactas se deben simular, en lugar del número de meses, semanas, o días. Lo anterior se puede llevar a cabo de manera muy sencilla, por medio de Excel y del *Risk Simulator*. Brevemente describimos este enfoque en el presente capítulo.

Creación y Simulación de Modelos de Cronogramas en Excel

En el Gráfico 4.1 vemos un cálculo sencillo sobre los tiempos y el cronograma de un proyecto. En el ejemplo apreciamos que hay 5 tareas con subsecciones o subtareas, y con supuestos de duración mínima, más probable y máxima medidas en semanas. También hay probabilidades que se requiera un retraso o un retrabajo. Las celdas resaltadas son supuestos de simulación y la fecha final se establece como una celda de pronóstico en el *Risk Simulator*. Para obtener más detalles sobre cómo ejecutar las simulaciones utilizando el *Risk Simulator,* le sugerimos ver el libro del Dr. Johnathan Mun, titulado *Modeling Risk* [Modelando Riesgos], Tercera Edición (Thomson-Shore, 2016) o *Readings in Certified Quantitative Risk Management* [Lecturas en Certificación de Gestión Cuantitativa de Riesgos] (IIPER Press, 2016).

Simulación Monte Carlo (basada en el riesgo de la gestión de proyectos y el tiempo)

Fecha de Inicio Contractual | 30-Jan-20

	Fecha de Inicio	Duración en Semanas				Fecha Terminación	Probabilidad	Inicio del rezago en semanas				Terminación del rezago en semanas			
		Supuesto	Min	ML	Max			Supuesto	Min	ML	Max	Supuesto	Min	ML	Max
FASE CONCEPTUAL (Tarea 01)															
Fase de Terminación	30-Jan-20	18.0	15	18	24	4-Jun-20	90%								
Revisar el riesgo	4-Jun-20	3.0	2	3	5	25-Jun-20	10%								
Total (c)						6-Jun-20									
INICIACIÓN (Tarea 02)															
Fase de Terminación	30-Jan-20	5.0	3	5	9	5-Mar-20	85%								
Riesgo de Retraso	5-Mar-20	5.0	3	5	7	9-Apr-20	15%								
Total (c)						10-Mar-20									
DESARROLLO (Tarea 03)															
Fase de Terminación	6-Jun-20	7.0	6	7	8	25-Jul-20	15%					2.5	1.1	2.5	3.1
FABRICACIÓN (Tarea 04)															
Producto A	12-Sep-20	5.0	3	5	7	17-Oct-20	85%	7.0	6	7	8				
Producto B	17-Oct-20	4.0	3	4	5	14-Nov-20	10%								
Producto C	14-Nov-20	5.0	3	5	9	19-Dec-20	5%								
Personalizado	19-Dec-20	9.0	4	9	11	18-Feb-18									
COMERCIALIZACIÓN (Tarea 05)															
USA															
Producto A	7-Nov-20	7.0	6	7	8	26-Dec-20	90%	3.0	1	3	4				
Producto B	26-Dec-20	8.0	6	8	9	20-Feb-21									
Producto C	20-Feb-21	7.0	6	7	9	10-Apr-21									
Europa															
Producto A	7-Nov-20	8.0	7	8	9	2-Jan-21	10%	3.0	2	3	6				
Producto B	2-Jan-21	6.0	5	6	10	13-Feb-21									
Producto C	13-Feb-21	6.0	4	6	9	27-Mar-21									
Fecha Final de Terminación						8-Apr-21									

Conversión de Fecha: 7-May-21 / 44323.30

Gráfico 4.1: Modelo de Cronograma con Simulación

Simulación de Monte Carlo en el Cronograma de Riesgos

Una vez finalizada la simulación, podemos determinar el perfil de riesgos como de costumbre. Por ejemplo, en el Gráfico 4.2 vemos que hay un 90% de probabilidad que el proyecto se termine para la fecha 44323.30 o en mayo 7 de 2021. El perfil simulado de riesgos aparece en el Gráfico 4.3. Cabe anotar que el *Risk Simulator* ejecutará las simulaciones con base en un valor numérico y devolverá sus resultados utilizando el mismo valor numérico. Sencillamente ingrese este número en una celda vacía y haga clic derecho en la celda o CTRL+1 para abrir el cuadro de diálogo de *Formatear Celdas* (Gráfico 4.4) y cambie el formateo de *Número* por fechas *Personalizadas*. La parte inferior del Gráfico 4.1 muestra tanto el valor numérico como la conversión de fecha utilizando el enfoque de formateo de celda. Los demás valores numéricos se pueden convertir de forma parecida en una fecha calendario.

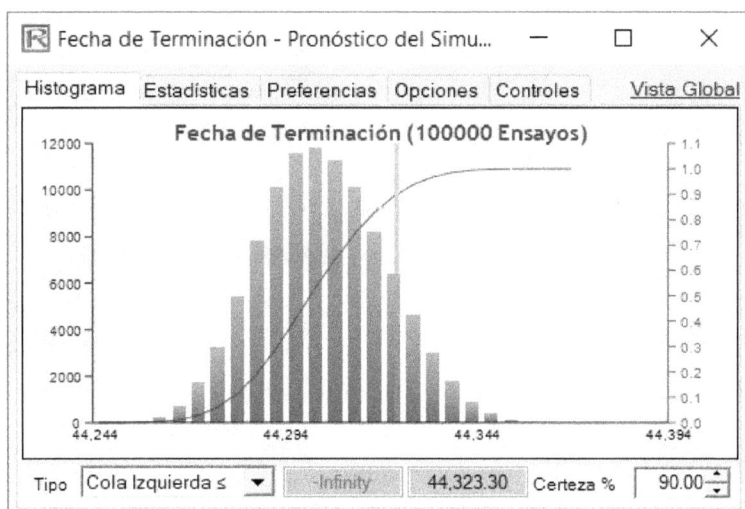

Gráfico 4.2: Resultados Simulados – Percentil

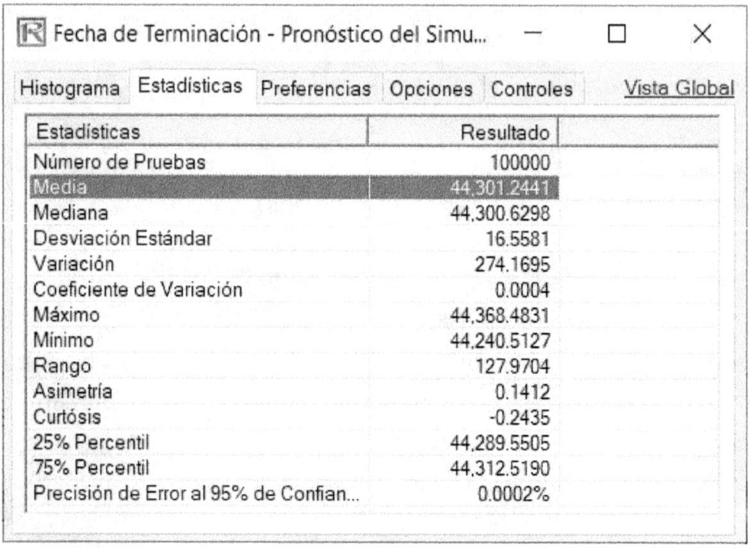

Fecha de Terminación - Pronóstico del Simu... — □ ✕

Histograma Estadísticas Preferencias Opciones Controles Vista Global

Estadísticas	Resultado
Número de Pruebas	100000
Media	44,301.2441
Mediana	44,300.6298
Desviación Estándar	16.5581
Variación	274.1695
Coeficiente de Variación	0.0004
Máximo	44,368.4831
Mínimo	44,240.5127
Rango	127.9704
Asimetría	0.1412
Curtósis	-0.2435
25% Percentil	44,289.5505
75% Percentil	44,312.5190
Precisión de Error al 95% de Confian...	0.0002%

Gráfico 4.3: Resultados Simulados – Perfil de Riesgos

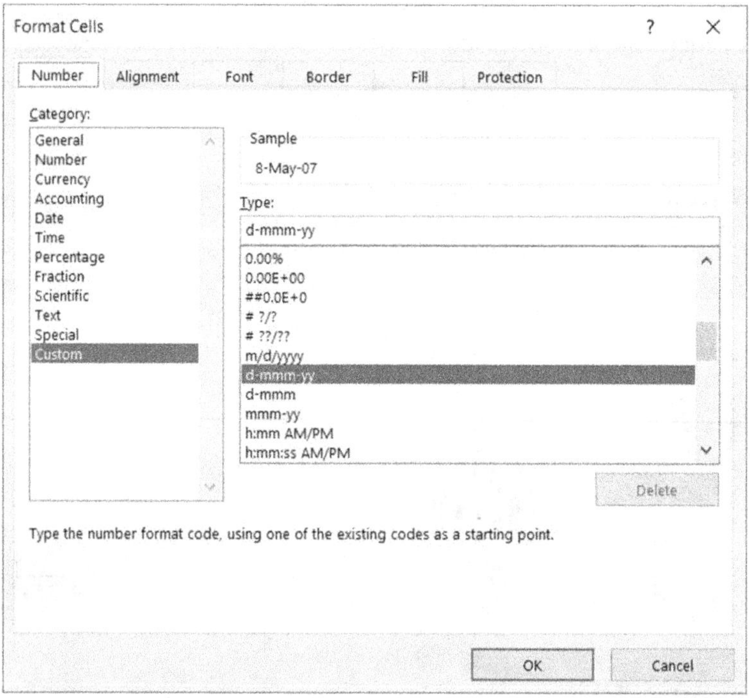

Format Cells ? ✕

Number Alignment Font Border Fill Protection

Category:

General
Number
Currency
Accounting
Date
Time
Percentage
Fraction
Scientific
Text
Special
Custom

Sample
8-May-07

Type:
d-mmm-yy

0.00%
0.00E+00
##0.0E+0
?/?
??/??
m/d/yyyy
d-mmm-yy
d-mmm
mmm-yy
h:mm AM/PM
h:mm:ss AM/PM

Delete

Type the number format code, using one of the existing codes as a starting point.

OK Cancel

Gráfico 4.4: Configuraciones de Formato de Celda

CPM & DIAGRAMA DE GANTT

El modelo de ruta crítica se examina más adelante en este capítulo y allí veremos cómo identificar una ruta crítica y la manera en que las tareas se consideran parte de la ruta crítica. El análisis de ruta crítica sólo contempla el riesgo del cronograma y no afecta el riesgo de costos de un proyecto.

Resolución Manual de un Modelo de Ruta Crítica

Por medio de la ruta de red compleja que aparece en el Gráfico 5.1, describimos cómo se calcula la ruta crítica en el Gráfico 5.2 utilizando un modelo de Excel. En el ejemplo vemos 21 tareas, cada una con su propia duración optimista (mínima), esperada (probable), y pesimista (máxima). El menor tiempo de terminación es el menor tiempo de inicio más la duración simulada, en donde el menor tiempo de inicio es el menor tiempo de terminación de la tarea anterior. Si existen ciclos complejos en los predecesores de la tarea, entonces se utiliza la duración máxima. El modelo se completa entonces una vez se realicen los cálculos del último tiempo de inicio, el último tiempo de terminación y el margen entre el último tiempo de inicio y el menor tiempo de inicio. Si el margen es cero, es decir que no hay una reserva extra de tiempo, entonces se demuestra que la tarea está en la ruta crítica. El Gráfico 5.3 muestra las especificaciones exactas de los cálculos, completos con los encabezados de las filas y columnas.

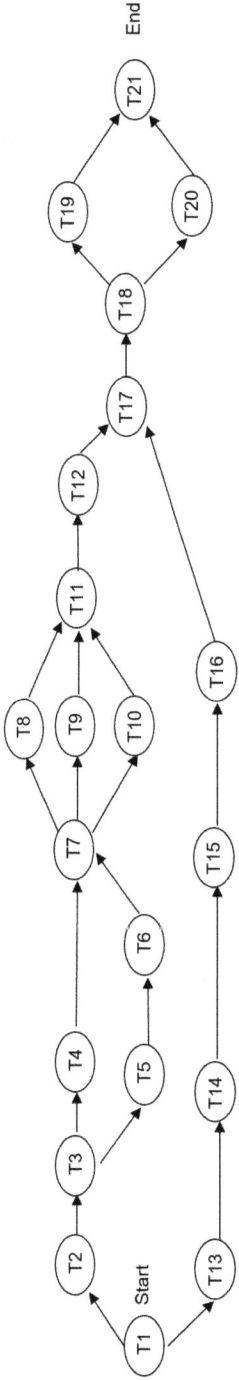

Gráfico 5.1: Método de Ruta Crítica (CPM)

Método de Ruta Crítica y Análisis de Tiempo de Comercialización

Número de Tarea	Antecesor	Duración Optimista	Duración Esperada	Duración Pesimista	Duración Simulada	Hora de Inicio más Temprana	Hora de Terminación más Temprana	Última Hora de Iniciación	Última Hora de Terminación	Margen	En la Ruta Crítica
Tarea 1		0	0	0	0.0	0.0	0.0	11.0	11.0	11.0	0
Tarea 2	1 FS	10	15	20	15.0	0.0	15.0	11.0	26.0	11.0	0
Tarea 3	2 FS	15	20	22	20.0	15.0	35.0	26.0	46.0	11.0	0
Tarea 4	3 FS	21	26	30	26.0	35.0	61.0	46.0	72.0	11.0	0
Tarea 5	3 SS	15	18	23	18.0	35.0	53.0	39.0	57.0	4.0	0
Tarea 6	5 FS	13	15	17	15.0	53.0	68.0	57.0	72.0	4.0	0
Tarea 7	4,6 FS	30	38	45	38.0	68.0	106.0	72.0	110.0	4.0	0
Tarea 8	7 FS	20	25	30	25.0	106.0	131.0	110.0	135.0	4.0	0
Tarea 9	7 FS	10	15	20	15.0	106.0	121.0	120.0	135.0	14.0	0
Tarea 10	7 FS	11	18	22	18.0	106.0	124.0	117.0	135.0	11.0	0
Tarea 11	8,9,10 FS	23	30	45	30.0	131.0	161.0	135.0	165.0	4.0	0
Tarea 12	11 FS	22	28	39	28.0	161.0	189.0	165.0	193.0	4.0	0
Tarea 13	1 FS	120	140	180	140.0	0.0	140.0	18.0	158.0	18.0	0
Tarea 14	13 FS	13	18	22	18.0	140.0	158.0	158.0	176.0	18.0	0
Tarea 15	14 SS	15	20	25	20.0	158.0	178.0	158.0	178.0	0.0	1
Tarea 16	15 FS	10	15	20	15.0	178.0	193.0	178.0	193.0	0.0	1
Tarea17	12,16 FS	30	33	44	33.0	193.0	226.0	193.0	226.0	0.0	1
Tarea 18	17 FS	5	8	11	8.0	226.0	234.0	226.0	234.0	0.0	1
Tarea 19	18 FS	10	15	25	15.0	234.0	249.0	236.0	251.0	2.0	0
Tarea 20	18 FS	13	17	19	17.0	234.0	251.0	234.0	251.0	0.0	1
Tarea 21	19, 20 FS	20	25	40	25.0	251.0	276.0	251.0	276.0	0.0	1
Final					0.0	276.0	276.0	276.0	276.0		

Gráfico 5.2: Método de Ruta Crítica (CPM)

Método de Ruta Crítica y Análisis de Tiempo de Comercialización

	Número de Tarea	Antecesor	Duración Optimista	Duración Esperada	Duración Pesimista	Duración Simulada	Hora de Inicio más Temprana	Hora de Terminación más Temprana	Última Hora de Iniciación	Última Hora de Terminación	Margen	En la Ruta Crítica
4	Tarea 1		0	0	0	0	0	=H4+G4	=MIN(J5,J16)	=J4+G4		
5	Tarea 2	1 FS	10	15	20	=E5	=I4	=H5+G5	=J6-G5	=J5+G5	=J5-H5	=IF(L5=0,1,0)
6	Tarea 3	2 FS	15	20	22	=E6	=I5	=H6+G6	=MIN(J7-G6,J8)	=J6+G6	=J6-H6	=IF(L6=0,1,0)
7	Tarea 4	3 FS	21	26	30	=E7	=I6	=H7+G7	=J10-G7	=J7+G7	=J7-H7	=IF(L7=0,1,0)
8	Tarea 5	3 SS	15	18	25	=E8	=I6	=H8+G8	=J9-G8	=J8+G8	=J8-H8	=IF(L8=0,1,0)
9	Tarea 6	5 FS	13	15	17	=E9	=I8	=H9+G9	=J10-G9	=J9+G9	=J9-H9	=IF(L9=0,1,0)
10	Tarea 7	4,6 FS	30	38	45	=E10	=MAX(I7,I9)	=H10+G10	=MIN(J11-G10,J12-G10,J13)	=J10+G10	=J10-H10	=IF(L10=0,1,0)
11	Tarea 8	7 FS	20	25	30	=E11	=I10	=H11+G11	=J14-G11	=J11+G11	=J11-H11	=IF(L11=0,1,0)
12	Tarea 9	7 FS	10	15	20	=E12	=I10	=H12+G12	=J14-G12	=J12+G12	=J12-H12	=IF(L12=0,1,0)
13	Tarea 10	7 FS	11	18	22	=E13	=I10	=H13+G13	=J14-G13	=J13+G13	=J13-H13	=IF(L13=0,1,0)
14	Tarea 11	8,9,10 FS	23	30	45	=E14	=MAX(I11:I13)	=H14+G14	=J15-G14	=J14+G14	=J14-H14	=IF(L14=0,1,0)
15	Tarea 12	11 FS	22	28	39	=E15	=I14	=H15+G15	=J20-G15	=J15+G15	=J15-H15	=IF(L15=0,1,0)
16	Tarea 13	1 FS	120	140	180	=E16	=I4	=H16+G16	=J17-G16	=J16+G16	=J16-H16	=IF(L16=0,1,0)
17	Tarea 14	13 FS	13	18	22	=E17	=I16	=H17+G17	=J18	=J17+G17	=J17-H17	=IF(L17=0,1,0)
18	Tarea 15	14 SS	15	20	25	=E18	=I17	=H18+G18	=J19-G18	=J18+G18	=J18-H18	=IF(L18=0,1,0)
19	Tarea 16	15 FS	10	15	20	=E19	=I18	=H19+G19	=J20-G19	=J19+G19	=J19-H19	=IF(L19=0,1,0)
20	Tarea 17	12,16 FS	30	33	44	=E20	=MAX(I15,I19)	=H20+G20	=J21-G20	=J20+G20	=J20-H20	=IF(L20=0,1,0)
21	Tarea 18	17 FS	5	8	11	=E21	=I20	=H21+G21	=MIN(J22,J23)-G21	=J21+G21	=J21-H21	=IF(L21=0,1,0)
22	Tarea 19	18 FS	10	15	25	=E22	=I21	=H22+G22	=J24-G22	=J22+G22	=J22-H22	=IF(L22=0,1,0)
23	Tarea 20	18 FS	13	17	19	=E23	=I21	=H23+G23	=J24-G23	=J23+G23	=J23-H23	=IF(L23=0,1,0)
24	Tarea 21	19,20 FS	20	25	40	=E24	=MAX(I22:I23)	=H24+G24	=H24	=J24+G24	=J24-H24	=IF(L24=0,1,0)
25	Final					0	=I24	=H25+G25	=H25	=J25+G25		

Gráfico 5.3: Cálculos Manuales

Comparación con
los Cálculos PEAT

El Gráfico 5.4 es una réplica de la ruta compleja del Gráfico 5.1 por medio del módulo de gestión de proyectos en PEAT. Se ingresan los mismos supuestos de entrada en el Gráfico 5.5. Vemos que el tiempo de terminación de la estimación de punto único es de 276 días, que es el mismo tiempo al que se calculó manualmente en el Gráfico 5.2.

Observe que en el Gráfico 5.2, las tareas críticas fueron las Tareas 15, 16, 17, 18, 20, y 21. En el Gráfico 5.4, estas mismas tareas están en la ruta crítica resaltada. Sin embargo, tenga en cuenta que por convención, una ruta crítica, es por definición, un camino, desde el inicio hasta el final del proyecto. Por ende, el Gráfico 5.4, muestra la ruta crítica desde las Tareas 1,13 y 14 conectando con las tareas críticas 15, 16, 17, 18, 20, y 21.

Diagramas de GANTT

El Gráfico 5.6 enseña el desarrollo de un Diagrama de GANTT. Los diagramas de GANTT se utilizan ocasionalmente en la gestión de proyectos como una manera de mostrar las tareas en filas desplegadas frente al tiempo en el eje-x. A la izquierda del diagrama hay una lista de tareas por filas y en la parte superior está la escala de tiempo o fechas.

La columna completada es el menor tiempo de terminación de la tarea precedente multiplicado por el porcentaje de terminación (p.ej. 4.5 se calcula multiplicando $15 \times 30\%$) y el restante es su valor de complemento 10.5 o $15 \times (1–30\%)$. Finalmente, la columna de fecha de inicio es la fecha de la tarea precedente más la duración simulada en el Gráfico 5.2.

Es entonces cuando se genera el diagrama de GANTT con base en estos valores que aparecen como un gráfico de barra horizontal con segmentos completados y restantes para cada tarea.

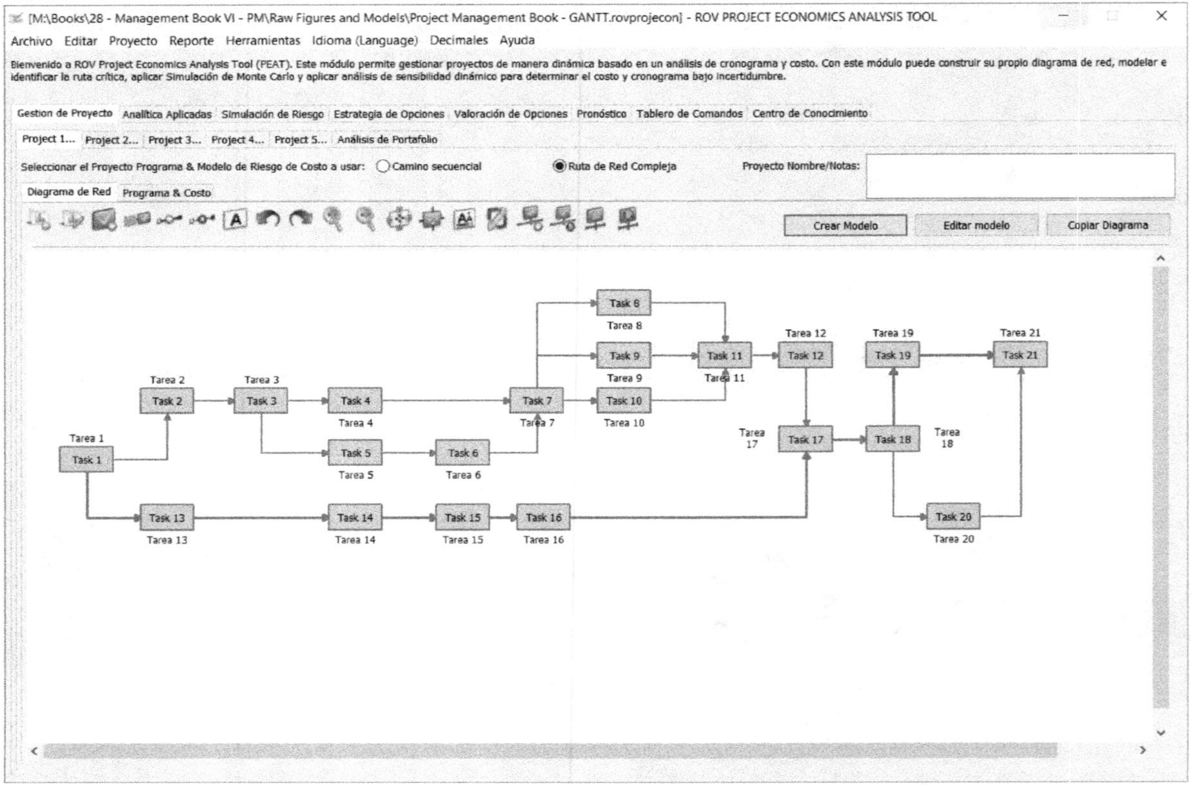

Gráfico 5.4: Ruta Compleja en PEAT

Archivo   Editar   Proyecto   Reporte   Herramientas   Idioma (Language)   Decimales   Ayuda

Bienvenido a ROV Project Economics Analysis Tool (PEAT). Este módulo permite gestionar proyectos de manera dinámica basado en un análisis de cronograma y costo. Con este módulo puede construir su propio diagrama de red, modelar e identificar la ruta crítica, aplicar Simulación de Monte Carlo y aplicar análisis de sensibilidad dinámico para determinar el costo y cronograma bajo incertidumbre.

Gestión de Proyecto   Analítica Aplicadas   Simulación de Riesgo   Estrategia de Opciones   Valoración de Opciones   Pronóstico   Tablero de Comandos   Centro de Conocimiento

Project 1...   Project 2...   Project 3...   Project 4...   Project 5...   Análisis de Portafolio

Seleccionar el Proyecto Programa & Modelo de Riesgo de Costo a usar: ○ Camino secuencial   ● Ruta de Red Compleja   Proyecto Nombre/Notas:

Diagrama de Red   Programa & Costo

☑ Incluir Análisis de Costo basado en el programa   ☑ Realizar simulación de riesgo   Ensayos de simulación: 123

☐ Incluir sobrecoste de Presupuesto & Bufers   ☐ Aplicar valor semilla:

☐ Incluir probabilidades de éxito de cada tarea y Modelar sus impactos   Mostrar   21 ⏶⏷   Tareas con

		Semanalmente	Triangular
Task 7	Tarea 7	30	38	45
Task 8	Tarea 8	20	25	30
Task 9	Tarea 9	10	15	20
Task 10	Tarea 10	11	18	22
Task 11	Tarea 11	23	30	45
Task 12	Tarea 12	22	28	39
Task 13	Tarea 13	120	140	180
Task 14	Tarea 14	13	18	22
Task 15	Tarea 15	15	20	25
Task 16	Tarea 16	10	15	20
Task 17	Tarea 17	30	33	44
Task 18	Tarea 18	5	8	11
Task 19	Tarea 19	10	15	25
Task 20	Tarea 20	13	17	19
Task 21	Tarea 21	20	25	40

Correr   Correr Todos Proyectos
☑ Actualización Auto   ☐ Correr Secuencialmente

1,000

Total Proyecto   226   276.00   361   0

Duración Total Esperada   34.80%

Ruta Crítica 1, 13-19, 21   31.80%

Ruta Crítica 1, 13-18, 20-21   17.50%

Ruta Crítica 1-3, 5-8, 11-12, 17-18, 20-21

Gráfico 5.5: Ruta Compleja Simulada en PEAT

	Fecha de Inicio	Completada	Restante	%Completa	Valor de Fecha
Tarea 1	1/1/2020	4.5	10.5	30.00%	1/1/2020
Tarea 2	1/16/2020	10.5	24.5	30.00%	1/16/2020
Tarea 3	2/5/2020	18.3	42.7	30.00%	2/5/2020
Tarea 4	3/2/2020	15.9	37.1	30.00%	3/2/2020
Tarea 5	3/20/2020	20.4	47.6	30.00%	3/20/2020
Tarea 6	4/4/2020	31.8	74.2	30.00%	4/4/2020
Tarea 7	5/12/2020	39.3	91.7	30.00%	5/12/2020
Tarea 8	6/6/2020	36.3	84.7	30.00%	6/6/2020
Tarea 9	6/21/2020	37.2	86.8	30.00%	6/21/2020
Tarea 10	7/9/2020	48.3	112.7	30.00%	7/9/2020
Tarea 11	8/8/2020	56.7	132.3	30.00%	8/8/2020
Tarea 12	9/5/2020	42.0	98.0	30.00%	9/5/2020
Tarea 13	1/23/2021	47.4	110.6	30.00%	1/23/2021
Tarea 14	2/10/2021	53.4	124.6	30.00%	2/10/2021
Tarea 15	3/2/2021	57.9	135.1	30.00%	3/2/2021
Tarea 16	3/17/2021	67.8	158.2	30.00%	3/17/2021
Tarea17	4/19/2021	70.2	163.8	30.00%	4/19/2021
Tarea 18	4/27/2021	74.7	174.3	30.00%	4/27/2021
Tarea 19	5/12/2021	75.3	175.7	30.00%	5/12/2021
Tarea 20	5/29/2021	82.8	193.2	30.00%	5/29/2021
Tarea 21	6/23/2021	82.8	193.2	30.00%	6/23/2021

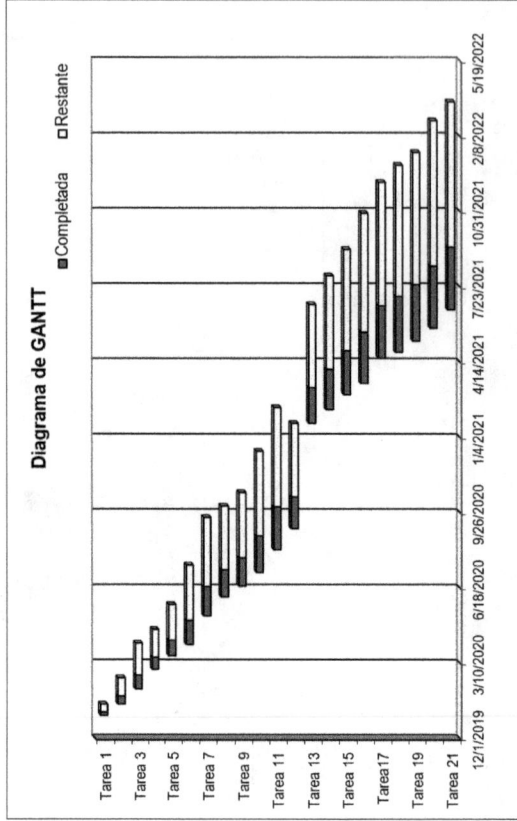

Gráfico 5.6: Diagrama de GANTT

RESERVA PRESUPUESTAL & TAREAS ENLAZADAS CON LA PROBABILIDAD DE ÉXITO

Los sobrecostos y las probabilidades de éxito en cada tarea conectada se pueden incluir en los cálculos del modelo de ruta compleja. Estas inclusiones solamente afectarán el costo del proyecto más no su cronograma.

Modelo Básico, Sobrecostos, Probabilidad de Éxito para Cada Tarea

En el Gráfico 6.1 vemos un modelo básico de ruta secuencial sin ningunos supuestos de sobrecostos o probabilidades de éxito, mientras que en el Gráfico 6.2 vemos el mismo modelo con algunos supuestos de sobrecostos en el presupuesto. El Gráfico 6.3 emplea las probabilidades de éxito en cada tarea, pero sin ningún sobrecosto presupuestal. Finalmente, el Gráfico 6.4 exhibe el mismo modelo con sobrecostos presupuestales y probabilidades de éxito en cada tarea. Se ejecutó una simulación idéntica de

10.000 pruebas con un valor semilla de 123. De esta manera podemos tener una comparación adecuada y directa de estos cuatro modelos y ver los efectos de estos supuestos de sobrecostos y probabilidades de éxito en el perfil de riesgos de los costos y el cronograma.

ROV PROJECT ECONOMICS ANALYSIS TOOL - [M:\Books_8 - Management Book VI - PM\Raw Figures and Models\Project Management Book - More Models (Spanish).rovprojecon] — □ ×

Archivo   Editar   Proyecto   Reporte   Herramientas   Idioma (Language)   Decimales   Ayuda

Bienvenido a ROV Project Economics Analysis Tool (PEAT). Este módulo permite gestionar proyectos de manera dinámica basado en un análisis de cronograma y costo. Con este módulo puede construir su propio diagrama de red, modelar e identificar la ruta crítica, aplicar Simulación de Monte Carlo y analizar análisis de sensibilidad dinámico para determinar el costo y cronograma bajo incertidumbre.

Gestión de Proyecto   Analítica Aplicadas   Simulación de Riesgo   Estrategia de Opciones   Valoración de Opciones   Pronóstico   Tablero de Comandos   Centro de Conocimiento

Básico   Subrecoste   Probabilidad   Complejo   Análisis de Portafolio

Seleccionar el Proyecto Programa & Modelo de Riesgo de Costo a usar: ◉ Camino secuencial   ○ Ruta de Red Compleja   Proyecto Nombre/Notas:

Programa & Costo

☑ Incluir Análisis de Costo basado en el programa   ☑ Realizar simulación de riesgo

☑ Incluir sobrecoste de Presupuesto & Bufers   ☑ Aplicar valor semilla: 123   Ensayos de simulación: 10,000   Correr   Correr Todos Proyectos

☑ Incluir probabilidades de éxito de cada tarea y Modelar sus impactos   Mostrar   14   Tareas con   Semanalmente   ☑ Actualización Auto   ☐ Correr Secuencialmente

| | | Costos (Costo Fijo) | | | Calculado | | Horario (Semanas) | | | Variable | Sobrecoste | Probabilidad | Vinculado |
Tarea	Nombre Tarea	Mínimo	Más proba...	Máximo	Costo	Mínimo	Más proba...	Máximo	Semanalm...	Supuesto	de éxito	Eventos
Task 1	Conceptualización	1,845	2,783	5,595	5,033	1	1.5	3	1,500			1
Task 2	Tiempo adicional para remodelar ...	158	908	1,845	1,658	0.1	0.5	1	1,500			1
Task 3	Iniciación	6,220	9,345	15,595	16,845	2	3	5	2,500			1
Task 4	Concepto de reelaboración	908	1,845	3,720	3,345	0.5	1	2	1,500			1
Task 5	Modificación de conceptos existen...	908	1,845	2,783	3,345	0.5	1	1.5	1,500			1
Task 6	Fase 2 Desarrollo	21,845	26,220	34,970	47,220	5	6	8	3,500			1
Task 7	I + D adicional	1,220	1,845	2,470	3,345	1	1.5	2	1,000			1
Task 8	Aplicar IP externa	3,095	6,220	6,220	11,220	0.5	1	1	5,000			1
Task 9	Fabricación	62,470	99,970	124,970	179,970	5	8	10	10,000			1
Task 10	Reprototipado	9,970	14,970	19,970	26,970	1	1.5	2	8,000			1
Task 11	Refundición y retrabajo	9,970	14,970	19,970	26,970	1	1.5	2	8,000			1
Task 12	Análisis de mercado	149,97C	187,470	299,970	337,470	4	5	8	30,000			1
Task 13	Investigación de mercado adicional	12,470	24,970	37,470	44,970	1	2	3	10,000			1
Task 14	Reposicionamiento	24,970	37,470	62,470	67,470	2	3	5	10,000			1
	Total Proyecto	306,019	430,831	638,018	775,831	25	36.50	54	345,000			

Triangular

Gráfico 6.1: Modelo Básico sin Sobrecostos Presupuestales y Probabilidades de Éxito

Archivo   Editar   Proyecto   Reporte   Herramientas   Idioma (Language)   Decimales   Ayuda

Bienvenido a ROV Project Economics Analysis Tool (PEAT). Este módulo permite gestionar proyectos de manera dinámica basado en un análisis de cronograma y costo. Con este módulo puede construir su propio diagrama de red, modelar e identificar la ruta crítica, aplicar Simulación de Monte Carlo y aplicar análisis de sensibilidad dinámico para determinar el costo y cronograma bajo incertidumbre.

Gestión de Proyecto   Analítica Aplicados   Simulación de Riesgo   Estrategia de Opciones   Valoración de Opciones   Pronóstico   Tablero de Comandos   Centro de Conocimiento

Básico   Subrecoste   Probabilidad   Complejo   Análisis de Portafolio

Seleccionar el Proyecto Programa & Modelo de Riesgo de Costo a usar: ● Camino secuencial   ○ Ruta de Red Complejo   Proyecto Nombre/Notas:

Programa & Costo

☑ Incluir Análisis de Costo basado en el programa   ☑ Realizar simulación de riesgo   Ensayos de simulación: 123   Correr   Correr Todos Proyectos

☑ Incluir sobrecoste de Presupuesto & Bufers   ☑ Aplicar valor semilla: 14 ◄ ►   ☑ Actualización Auto   ☐ Correr Secuencialmente

☑ Incluir probabilidades de éxito de cada tarea y Modelar sus impactos   Mostrar   Tareas con   10,000   Semanalmente   Triangular   v

Tarea	Nombre Tarea	Costos (Costo Fijo)			Calculado	Horario (Semanas)			Variable	Sobrecoste	Probabilidad	Vinculado
		Mínimo	Más proba...	Máximo	Costo	Mínimo	Más proba.	Máximo	Semanalim...	Supuesto	de éxito	Eventos
Task 1	Conceptualización	1,845	2,783	5,595	5,536	1	1.5	3	1,500	10.00%		1
Task 2	Tiempo adicional para remodelar ...	158	908	1,845	1,824	0.1	0.5	1	1,500	10.00%		1
Task 3	Iniciación	6,220	9,345	15,595	18,530	2	3	5	2,500	10.00%		1
Task 4	Concepto de reelaboración	908	1,845	3,720	3,345	0.5	1	2	1,500	0.00%		1
Task 5	Modificación de conceptos existen...	908	1,845	2,783	3,345	0.5	1	1.5	1,500	0.00%		1
Task 6	Fase 2 Desarrollo	21,845	26,220	34,970	47,220	5	6	8	3,500	0.00%		1
Task 7	I + D adicional	1,220	1,845	2,470	3,345	1	1.5	2	1,000	0.00%		1
Task 8	Aplicar IP externa	3,095	6,220	6,220	11,220	0.5	1	1	5,000	0.00%		1
Task 9	Fabricación	62,470	99,970	124,970	179,970	5	8	10	10,000	0.00%		1
Task 10	Reprototipado	9,970	14,970	19,970	26,970	1	1.5	2	8,000	0.00%		1
Task 11	Refundición y retrabajo	9,970	14,970	19,970	26,970	1	1.5	2	8,000	0.00%		1
Task 12	Análisis de mercado	149,970	187,470	299,970	371,217	4	5	8	30,000	10.00%		1
Task 13	Investigación de mercado adicional	12,470	24,970	37,470	49,467	1	2	3	10,000	10.00%		1
Task 14	Reposicionamiento	24,970	37,470	62,470	74,217	2	3	5	10,000	10.00%		1
	Total Proyecto	**306,019**	**430,831**	**638,018**	**823,176**	**25**	**36.50**	**54**	**392,345**			

Gráfico 6.2: Sobrecosto Presupuestal

ROV PROJECT ECONOMICS ANALYSIS TOOL - [M:\Books\v.8 - Management Book VI - PM\[Raw Figures and Models\Project Management Book - More Models (Spanish).rovprojecon]   —   □   ×

Archivo Editar Proyecto Reporte Herramientas Idioma (Language) Decimales Ayuda

Bienvenido a ROV Project Economics Analysis Tool (PEAT). Este módulo permite gestionar proyectos de manera dinámica basado en un análisis de cronograma y costo. Con este módulo puede construir su propio diagrama de red, modelar e identificar la ruta crítica, aplicar Simulación de Monte Carlo y aplicar análisis de sensibilidad dinámico para determinar el costo y cronograma bajo incertidumbre.

Gestion de Proyecto Analítica Aplicadas Simulación de Riesgo Estrategia de Opciones Valoración de Opciones Pronóstico Tablero de Comandos Centro de Conocimiento

Básico Subrecoste Probabilidad Complejo Análisis de Portafolio

Seleccionar el Proyecto Programa & Modelo de Riesgo de Costo a usar: ● Camino secuencial ○ Ruta de Red Complejo   Proyecto Nombre/Notas:

Programa & Costo

☑ Incluir Análisis de Costo basado en el programa   ☑ Realizar simulación de riesgo   Correr   Correr Todos Proyectos

☑ Incluir sobrecoste de Presupuesto & Bufers   ☑ Aplicar valor semilla: 123   Ensayos de simulación: 10,000   ☑ Actualización Auto   □ Correr Secuencialmente

☑ Incluir probabilidades de éxito de cada tarea y Modelar sus impactos   Mostrar 14 ⇕   Tareas con Semanalmente ∨   Triangular ∨

Tarea	Nombre Tarea	Costos (Costo Fijo)			Calculado	Horario (Semanas)			Variable	Sobrecoste	Probabilidad	Vinculado
		Mínimo	Más proba...	Máximo	Costo	Mínimo	Más proba...	Máximo	Semanalm...	Supuesto	de éxito	Eventos
Task 1	Conceptualización	1,845	2,783	5,595	5,033	1	1.5	3	1,500		99.00%	1
Task 2	Tiempo adicional para remodelar ...	158	908	1,845	1,658	0.1	0.5	1	1,500		95.00%	1
Task 3	Iniciación	6,220	9,345	15,595	16,845	2	3	5	2,500		93.00%	1
Task 4	Concepto de reelaboración	908	1,845	3,720	3,345	0.5	1	2	1,500		99.00%	1
Task 5	Modificación de conceptos existen...	908	1,845	2,783	3,345	0.5	1	1.5	1,500		99.00%	1
Task 6	Fase 2 Desarrollo	21,845	26,220	34,970	47,220	5	6	8	3,500		50.00%	1
Task 7	I + D adicional	1,220	1,845	2,470	3,345	1	1.5	2	1,000		97.00%	1
Task 8	Aplicar IP externa	3,095	6,220	6,220	11,220	0.5	1	1	5,000		98.00%	1
Task 9	Fabricación	62,470	99,970	124,970	179,970	5	8	10	10,000		95.00%	1
Task 10	Reprototipado	9,970	14,970	19,970	26,970	1	1.5	2	8,000		35.00%	1
Task 11	Refundición y retrabajo	9,970	14,970	19,970	26,970	1	1.5	2	8,000		98.00%	1
Task 12	Análisis de mercado	149,970	187,470	299,970	337,470	4	5	8	30,000		90.00%	1
Task 13	Investigación de mercado adicional	12,470	24,970	37,470	44,970	1	2	3	10,000		95.00%	1
Task 14	Reposicionamiento	24,970	37,470	62,470	67,470	2	3	5	10,000		95.00%	1
	Total Proyecto	**306,019**	**430,831**	**638,018**	**775,831**	**25**	**36.50**	**54**	**345,000**			

Gráfico 6.3: Probabilidad de Éxito

Archivo   Editar   Proyecto   Reporte   Herramientas   Idioma (Language)   Decimales   Ayuda

Bienvenido a ROV Project Economics Analysis Tool (PEAT). Este módulo permite gestionar proyectos de manera dinámica basado en un análisis de cronograma y costo. Con este módulo puede construir su propio diagrama de red, modelar e identificar la ruta crítica, aplicar Simulación de Monte Carlo y aplicar análisis de sensibilidad dinámico para determinar el costo y cronograma bajo incertidumbre.

Gestion de Proyecto   Analítica Aplicadas   Simulación de Riesgo   Simulación de Riesgo   Compeljo   Análisis de Portafolio

Básico   Subrecoste   Probabilidad   Compeljo   Análisis de Portafolio

Seleccionar el Proyecto Programa & Modelo de Riesgo de Costo a usar: ● Camino secuencial   ○ Ruta de Red Complejo   Proyecto Nombre/Notas:

Programa & Costo

☑ Incluir Análisis de Costo basado en el programa   ☑ Realizar simulación de riesgo

☑ Incluir sobrecoste de Presupuesto & Bufers   ☑ Aplicar valor semilla: 123   Ensayos de simulación: 10,000

☑ Incluir probabilidades de éxito de cada tarea y Modelar sus impactos   Mostrar 14 ▲▼   Tareas con   Semanalmente

Correr   ☑ Actualización Auto   Correr Todos Proyectos   ☐ Correr Secuencialmente   Triangular

Tarea	Nombre Tarea	Costos (Costo Fijo)			Calculado	Horario (Semanas)			Variable	Sobrecoste	Probabilidad	Vinculado
		Mínimo	Más proba...	Máximo	Costo	Mínimo	Más proba...	Máximo	Semanalim...	Supuesto	de éxito	Eventos
Task 1	Conceptualización	1,845	2,783	5,595	5,536	1	1.5	3	1,500	10.00%	99.00%	1
Task 2	Tiempo adicional para remodelar ...	158	908	1,845	1,824	0.1	0.5	1	1,500	10.00%	95.00%	1
Task 3	Iniciación	6,220	9,345	15,595	18,530	2	3	5	2,500	10.00%	93.00%	1
Task 4	Concepto de reelaboración	908	1,845	3,720	3,345	0.5	1	2	1,500	0.00%	99.00%	1
Task 5	Modificación de conceptos existen...	908	1,845	2,783	3,345	0.5	1	1.5	1,500	0.00%	99.00%	1
Task 6	Fase 2 Desarrollo	21,845	26,220	34,970	47,220	5	6	8	3,500	0.00%	50.00%	1
Task 7	I + D adicional	1,220	1,845	2,470	3,345	1	1.5	2	1,000	0.00%	97.00%	1
Task 8	Aplicar IP externa	3,095	6,220	6,220	11,220	0.5	1	1	5,000	0.00%	98.00%	1
Task 9	Fabricación	62,470	99,970	124,970	179,970	5	8	10	10,000	0.00%	95.00%	1
Task 10	Reprototipado	9,970	14,970	19,970	26,970	1	1.5	2	8,000	0.00%	35.00%	1
Task 11	Refundición y retrabajo	9,970	14,970	19,970	26,970	1	1.5	2	8,000	0.00%	98.02%	1
Task 12	Análisis de mercado	149,970	187,470	299,970	371,217	4	5	8	30,000	10.00%	90.00%	1
Task 13	Investigación de mercado adicional	12,470	24,970	37,470	49,467	1	2	3	10,000	10.00%	95.00%	1
Task 14	Reposicionamiento	24,970	37,470	62,470	74,217	2	3	5	10,000	10.00%	95.00%	1
	Total Proyecto	**306,019**	**430,831**	**638,018**	**823,176**	**25**	**36.50**	**54**	**392,345**			

Gráfico 6.4: Sobrecostos Presupuestales y Probabilidades de Éxito

Comparación de Resultados

En los Gráficos 6.5, 6.6, y 6.7 se aprecia la comparación de los resultados para los cuatro modelos descritos anteriormente. A continuación, encontramos cuatro observaciones fundamentales:

- El Cronograma del Proyecto no cambió en todos los cuatro modelos. Específicamente, los *cronogramas esperados del proyecto* son todos idénticos (36.5 semanas). Posteriormente, las probabilidades simuladas en los cronogramas son estadísticamente idénticas (*cronograma del proyecto promedio simulado* y el *cronograma de percentil 90%*) y sólo están sujetos a diferencias mínimas de redondeo (38.2 semanas y 40.6 semanas, respectivamente), ocasionadas por el generador de números aleatorios del proceso de simulación.

- Los valores de estimación de punto único de los costos esperados del proyecto para el modelo básico y el modelo de probabilidades de las tareas fueron idénticos (USD$775,831) debido a que la probabilidad sólo se aplica cuando se aplica la simulación. Por ende, las estimaciones de punto único revelarían valores idénticos. Más aún, el modelo de sobrecostos presupuestales y el modelo complejo con probabilidades y sobrecostos arrojarían idénticos costos esperados del proyecto ($823,176) ya que ambos incluyen un sobrecosto presupuestal, lo cual, naturalmente, generaría costos más altos que el modelo básico ($775,831).

- Los costos promedio simulados del proyecto para las tareas probabilísticas y los sobrecostos presupuestales (proyecto complejo) mostraron un valor significativamente reducido (USD$191,705 y USD$198,606, respectivamente). Lo anterior se debe a que cuando una tarea fracasa, todos los costos de las tareas posteriores no se efectúan y el proyecto termina. Así que, con un modelo probabilístico de tareas, existe la probabilidad de que el proyecto termine en varios puntos y los costos promedio simulados lo reflejarán. Sin embargo, un percentil 90 en los costos seguirá produciendo un mayor valor pero no tan alto como en los modelos con tareas no-probabilísticas.

- Finalmente, en el Gráfico 6.7 vemos que los costos son tri-modales, con tres etapas potenciales de terminación del proyecto. Las bajas entradas probabilísticas (50%, 35%) del Gráfico 6.4, delimitan las tareas en tres grupos (Tareas 1–5, 6–9, y 10–14).

Archivo   Editar   Proyecto   Reporte   Herramientas   Idiomas (Language)   Decimales   Ayuda

Bienvenido a ROV Project Economics Analysis Tool (PEAT). Este módulo permite gestionar proyectos de manera dinámica basado en un análisis de cronograma y costo. Con este módulo puede construir su propio diagrama de red, modelar e identificar la ruta crítica, aplicar Simulación de Monte Carlo y aplicar análisis de sensibilidad dinámico para determinar el costo y cronograma bajo incertidumbre.

Gestion de Proyecto   Analítica Aplicadas   Simulación de Riesgo   Estrategia de Opciones   Valoración de Opciones   Pronóstico   Tablero de Comandos   Centro de Conocimiento

Básico   Subrecoste   Probabilidad   Complejo   Análisis de Portafolio

Análisis de Alternativas (Sin Caso Base)

○ Análisis Incremental (Escoja Caso Base)

☐ Ejecutar secuencialmente
☐ Correr todos los proyectos

90.00%

Resultados Económicos	Basic	Overrun	Probabili...	Complex
Costo Proyecto Esperado	775,831	823,176	775,831	823,176
Programa del Proyecto Esperado	36.50	36.50	36.50	36.50
Costo promedio simulada del proyecto	824,954	878,548	191,705	198,606
Programa de proyecto promedio simulado	38.18	38.20	38.22	38.21
Probabilidad de exceso del costo esperado	85.51%	86.31%	9.58%	9.19%
Probabilidad de exceso del programa esperado	81.07%	80.76%	81.45%	81.16%
90.00% Costo porcentil	886,053	945,071	770,055	809,163
90.00% Programa porcentil	40.64	40.63	40.67	40.64

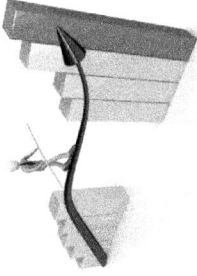

Costo Proyecto Esperado   ∨   Probabilidad de exceso del costo esperado   ∨   90.00% Costo porcentil   ∨   2D Barra   ∨

90.00% Costo porcentil   ∨   Vista de Portafolio de Inversión   ∨   90.00% Costo porcentil   ∨

Tablas...   Copiar Tabla   Tablas...   Copiar Tabla

Both ∨   ⊞   ☐   -A   Y-axis ∨   ⊞

Vista de Portafolio de Inversión

90.00% Costo porcentil

- Basic
- Overrun
- Probabilistic
- Complex

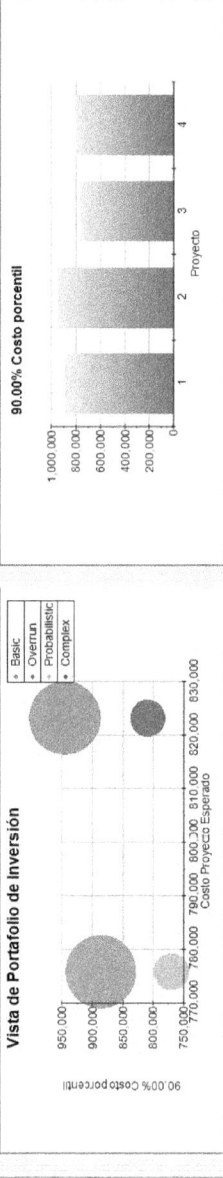

Gráfico 6.5: Análisis Comparativo

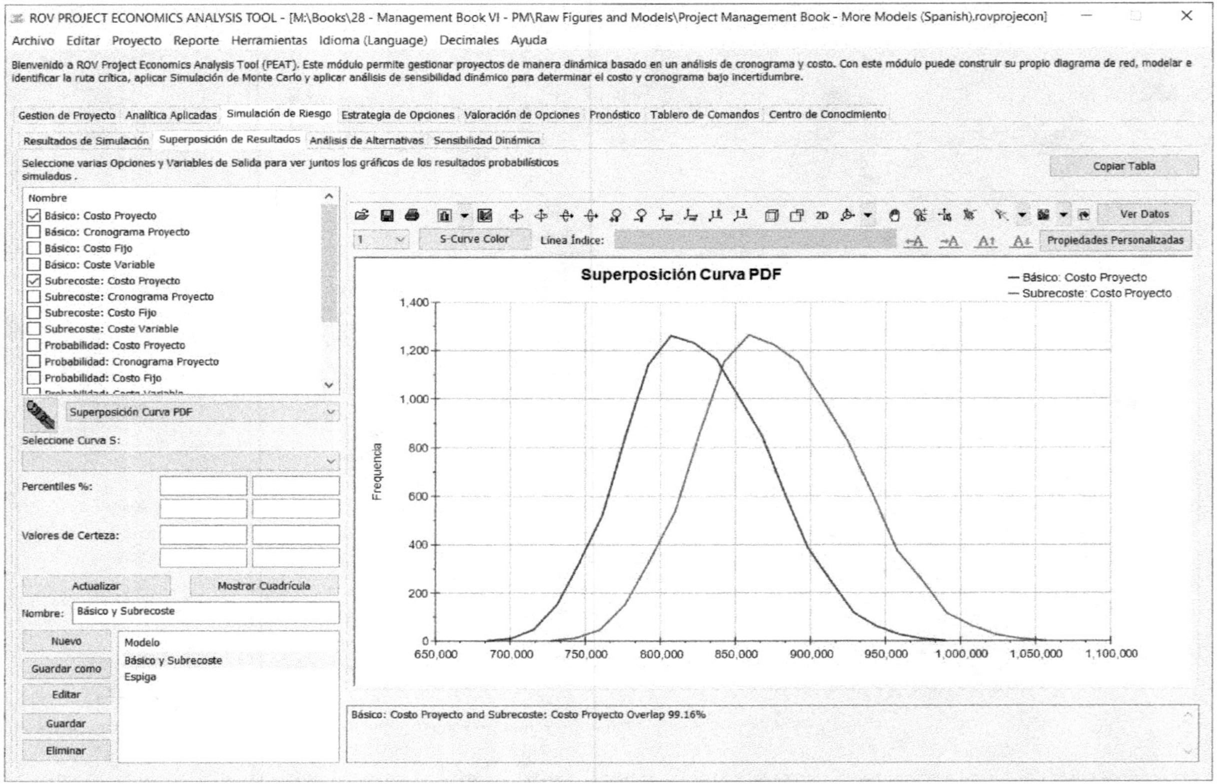

ROV PROJECT ECONOMICS ANALYSIS TOOL - [M:\Books\28 - Management Book VI - PM\Raw Figures and Models\Project Management Book - More Models (Spanish).rovprojecon]

Archivo Editar Proyecto Reporte Herramientas Idioma (Language) Decimales Ayuda

Bienvenido a ROV Project Economics Analysis Tool (PEAT). Este módulo permite gestionar proyectos de manera dinámica basado en un análisis de cronograma y costo. Con este módulo puede construir su propio diagrama de red, modelar e identificar la ruta crítica, aplicar Simulación de Monte Carlo y aplicar análisis de sensibilidad dinámico para determinar el costo y cronograma bajo incertidumbre.

Gestión de Proyecto Analítica Aplicadas Simulación de Riesgo Estrategia de Opciones Valoración de Opciones Pronóstico Tablero de Comandos Centro de Conocimiento

Resultados de Simulación Superposición de Resultados Análisis de Alternativas Sensibilidad Dinámica

Seleccione varias Opciones y Variables de Salida para ver juntos los gráficos de los resultados probabilísticos simulados.

Copiar Tabla

Nombre
☑ Básico: Costo Proyecto
☐ Básico: Cronograma Proyecto
☐ Básico: Costo Fijo
☐ Básico: Coste Variable
☑ Subrecoste: Costo Proyecto
☐ Subrecoste: Cronograma Proyecto
☐ Subrecoste: Costo Fijo
☐ Subrecoste: Coste Variable
☐ Probabilidad: Costo Proyecto
☐ Probabilidad: Cronograma Proyecto
☐ Probabilidad: Costo Fijo

S-Curve Color   Línea Índice:
1

Superposición Curva PDF

Seleccione Curva S:

Percentiles %:

Valores de Certeza:

Actualizar   Mostrar Cuadrícula

Nombre: Básico y Subrecoste

Nuevo   Modelo
Guardar como   Básico y Subrecoste
Editar   Espiga
Guardar
Eliminar

Ver Datos
Propiedades Personalizadas

Superposición Curva PDF

— Básico: Costo Proyecto
— Subrecoste: Costo Proyecto

Frequencia (y-axis): 0, 200, 400, 600, 800, 1.000, 1.200, 1.400

x-axis: 650.000 700.000 750.000 800.000 850.000 900.000 950.000 1.000.000 1.050.000 1.100.000

Básico: Costo Proyecto and Subrecoste: Costo Proyecto Overlap 99.16%

Gráfico 6.6: Superposición de Modelos Básicos y con Sobrecostos

ROV PROJECT ECONOMICS ANALYSIS TOOL - [M:\Books\28) - Management Book VI - PM\Raw Figures and Models\Project Management Book - More Models (Spanish).rovprojecon] — □ ×

Archivo Editar Proyecto Reporte Herramientas Idioma (Language) Decimales Ayuda

Bienvenido a ROV Project Economics Analysis Tool (PEAT). Este módulo permite gestionar proyectos de manera dinámica basado en un análisis de cronograma y costo. Con este módulo puede construir su propio diagrama de red, modelar e identificar la ruta crítica, aplicar Simulación de Monte Carlo y analizar el análisis de sensibilidad dinámico para determinar el costo y cronograma bajo incertidumbre.

Gestión de Proyecto Analítica Aplicadas Simulación de Riesgo Estrategia de Opciones Valoración de Opciones Pronóstico Tablero de Comandos Centro de Conocimiento

Resultados de Simulación Superposición de Resultados Análisis de Alternativas Sensibilidad Dinámica

Seleccionar la Opción y la Variable de Salida para ver los resultados:

Complejo: Costo Proyecto

Bar Tipo: Bar Bar Color Línea Índice: Ver Datos Propiedades Personalizadas

Complex: Project Cost

Estadísticas/Percentil	Valor
Ensayos	9.906
Media	98,646,4494
Mediana	39,774,4287
DesvEstándar	266,812.9250
CV	135.3495%
Sesgo	1.7536
Curtosis	1.9189
Mínimo	4,205.6659
Máximo	1,032,974.7267
Rango	1,028,769.0608
0%	4,205.6659
5%	7,638.4455
10%	9,807.7657
20%	33,518.9952
30%	35,568.8151
40%	37,448.4006
50%	39,774.4287

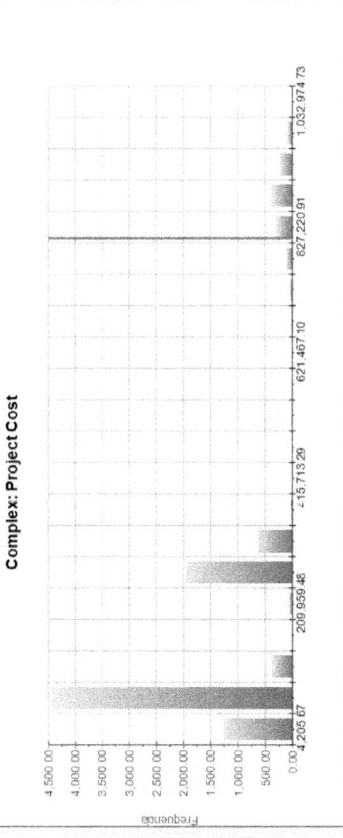

Nombre: Trimodal Costo

Nuevo | Modelo
Guardar como | Trimodal Costo
Editar
Guardar
Eliminar

Al guardar, incluir los datos y los resultados simulados (esto puede resultar en más lenta respuesta y archivos de mayor tamaño)

4 ♦ Decimales

Abrir | Guardar

Mostrar líneas verticales en:

Histograma PDF | Actualizar | Calcular y Mostrar líneas en: | Cola Izquierda <=

Percentiles %: | Percentiles: 90.00 %
Valores de Certeza: | Confianza: 809,163.13 %

Mostrar info. | Copiar Tabla | Mostrar Cuadrícula | Mostrar info. | ExtraerDatos de Simulación

4,205.67   209,959.48   ∠15,713.29   621,467.10   627,220.91   1,032,974.73

Gráfico 6.7: Estructura Simulada de Costos Trimodales

ROV PROJECT ECONOMICS ANALYSIS TOOL - [M:\Books\28 - Management Book VI - PM\Raw Figures and Models\Project Management Book - More Models (Spanish).rovprojecon] — □ X

Archivo Editar Proyecto Reporte Herramientas Idioma (Language) Decimales Ayuda

Bienvenido a ROV Project Economics Analysis Tool (PEAT). Este módulo permite gestionar proyectos de manera dinámica basado en un análisis de cronograma y costo. Con este módulo puede construir su propio diagrama de red, modelar e identificar la ruta crítica, aplicar Simulación de Monte Carlo y aplicar análisis de sensibilidad dinámico para determinar el costo y cronograma bajo incertidumbre.

Gestion de Proyecto Analítica Aplicadas Simulación de Opciones Estrategia de Opciones Valoración de Opciones Pronóstico Tablero de Comandos Centro de Conocimiento

Resultados de Simulación Superposición de Resultados Análisis de Alternativas Sensibilidad Dinámica

Usted puede comparar los resultados dinámicos simulados para todas sus opciones. La simulación debe ser corrida antes de que usted obtenga cualquier resultado. Elije si desea comparar todas las opciones de forma independiente (Análisis de Alternativas) o contra un caso base (Análisis Incremental).

ANÁLISIS DE ALTERNATIVAS Y ANÁLISIS INCREMENTAL DE CASO BASE

◉ Análisis de Alternativas (Sin Caso Base)   ○ Análisis Incremental (Escoja Caso Base)

Resultados   Costo Proyecto   Básico   2 ⬍ Decimales

OPCIONES	Básico	Subrecoste	Probabilidad	Complejo
◉ Media	824,954.06	878,547.90	191,704.94	198,006.45
○ Mediana	823,295.25	876,466.56	36,881.18	39,774.43
○ DesvEstandar	45,668.16	50,044.23	255,187.72	268,812.92
○ Varianza	2.09E+009	2.50E+009	6.51E+010	7.23E+010
○ CV	5.54%	5.70%	133.11%	135.35%
○ Sesgo	0.2107	0.1989	1.6680	1.7536
○ Curtosis	-0.2287	-0.2515	1.6313	1.9189
○ Mínimo	690,743.91	731,373.83	3,729.92	4,205.67
○ Máximo	1,022,978.35	1,073,266.53	952,636.53	1,032,974.73
○ Rango	332,234.43	341,892.71	948,906.62	1,028,769.06
○ 0% Percentil	690,743.91	731,373.83	3,729.92	4,205.67
○ 5% Percentil	753,053.01	799,581.87	6,851.11	7,638.45
○ 10% Percentil	766,583.63	815,371.46	8,612.31	9,807.77
○ 20% Percentil	785,004.79	834,102.15	30,841.15	33,519.00
○ 30% Percentil	798,551.49	850,087.61	32,972.26	35,568.82
○ 40% Percentil	810,889.18	863,215.42	34,676.14	37,448.40
○ 50% Percentil	823,295.25	876,466.56	36,881.18	39,774.43
○ 60% Percentil	835,461.82	889,936.84	96,724.21	97,322.28
○ 70% Percentil	848,625.79	904,651.48	262,466.22	264,918.65
○ 80% Percentil	864,432.31	921,805.14	281,622.72	283,605.34
○ 90% Percentil	886,052.74	945,071.43	770,055.43	809,163.13
○ 95% Percentil	903,417.19	964,567.70	828,463.19	883,970.54
○ 100% Percentil	1,022,978.35	1,073,266.53	952,636.53	1,032,974.73

Costo Proyecto (Options)

2D Barra   Copiar Tabla

Gráfico 6.8: Costo Esperado y Volatilidad del Proyecto

7

MODELOS DE FIJACIÓN DE PRECIOS UTILIZANDO COSTOS, RIESGOS & OPORTUNIDADES

En ocasiones, la modelación de tareas no se utiliza para fines de organización del cronograma sino para calcular el costeo. Por ejemplo, al participar en una licitación del gobierno, se le puede pedir a una compañía que presente una estimación de costos y una oferta basada en el modelo de estimación de costos. El desarrollar una estimación de costos incorrecta puede conllevar a perder dicha licitación (puja excesiva con un costo incorrectamente inflado) o conllevar a obtener la licitación y perder dinero (subcosteo y, por ende, licitar por debajo en un proyecto de precio fijo firme).

Modelos de Costos en la Estructura de Desglose del Trabajo

Tradicionalmente, en un modelo de costos y de fijación de precios, evitamos un modelo complejo porque los modelos complejos son importantes en la estimación del cronograma, mientras que las estimaciones de costos requieren de la suma de todos los costos, independientemente de si una tarea específica recae en la ruta crítica. Por lo tanto, el enfoque tradicional de fijación de precios emplea una estructura de desglose del trabajo (WBS) la cual supone que todas las tareas se ejecutan secuencialmente, y los diferenciales de riesgo se utilizan para configurar las ejecuciones de la simulación de riesgos de Monte Carlo.

Costo + Riesgo – Oportunidades

Usualmente, la WBS enumera las tareas que se van a realizar y éstas constituirán los costos del programa. Algunas veces se suman al análisis de costos, los elementos de riesgo, así como las oportunidades. Específicamente, los elementos de riesgo se consideran costos agregados (p.ej. riesgo de retrabajo o riesgo de un aumento en los precios de la materia prima), mientras que las oportunidades de impacto positivo se consideran como una reducción en costos (p.ej. un flujo potencial de ingresos). Por lo tanto, el costo total para el programa se denomina tradicionalmente como Costo WBS + Riesgo Adicional - Oportunidades de Impacto Positivo.

Módulo de Fijación de Costos en PEAT

En los Gráficos 7.1-7.4 vemos el uso del Modelo de Fijación de Costos con Curva-S de PEAT para ejecutar la simulación de costos WBS en relación con los costos, riesgos y oportunidades. Los párrafos siguientes brindan alguna información adicional sobre cómo está configurado el modelo y la manera cómo se ejecuta en el software:

- *Supuestos de Entrada.* Aquí es donde se ingresan al programa, los Costos, Riesgos, Oportunidades y Diferenciales de Riesgos.

- *Simulación de Riesgos.* Este es el corazón de la herramienta en donde se lleva a cabo la simulación de riesgos y de dónde se obtienen las Curvas-S resultantes, incluyendo todas las estadísticas auxiliares.

- *Retorno en las Ventas.* Este módulo calcula los diferentes tipos de contratos de licitación con el gobierno, tales como el Costo más Tarifa de Adjudicación, Costo más Tarifa de Incentivo, Costo Más Tarifa Fija, Precio Fijo Firme, Precio Fijo Firme con Incentivo, y Precio Fijo con Incentivos por Cumplimiento de Objetivos y utiliza los resultados de los percentiles simulados de riesgos en sus cálculos.

- *Rango de Resultados Financieros.* Este módulo toma los resultados de la pestaña de Retorno Sobre las Ventas (ROS) y proporciona un resumen del rango de los resultados financieros y retorna las piezas más críticas de información del modelo ROS.

- *Centro de Conocimiento.* Este módulo incluye un conjunto rápido de Lecciones de la Curva-S (conceptos básicos para interpretar las Curvas-S), Videos de Inicio (lecciones rápidas e introducciones sobre cómo utilizar la herramienta) y Procedimientos Paso-a-Paso (esto incluye pasos rápidos de inicio para utilizar la herramienta. Lo anterior le da al analista el impulso de iniciar en lugar de tener que leer largos manuales del usuario).

En el software, pulse *Archivo | Cargar Ejemplo* para ejecutar un ejemplo predeterminado con configuraciones y datos preconfigurados (Gráfico 7.1). Por defecto, la primera pestaña que aparece es la de *Supuestos de Entrada,* que muestra las subpestañas con *Costos, Riesgos, Oportunidades* y *Tablas de Diferenciales* cuyos datos han sido previamente ingresados y guardados.

En la subpestaña de *Costos*, ya existen ciertos datos para que usted pueda iniciar. Puede, en su propio modelo, digitar manualmente los datos o copiar y pegarlos en la cuadrícula. Sencillamente copie y pegue sus datos desde otra fuente (tales como un archivo de texto, un documento de Word, un archivo de Excel, etc.), seleccione la celda o celdas que desea pegar, y pulse *Editar | Pegar* o *clic derecho* y seleccione *Pegar*. Ingrese o pegue sus elementos de costo de WBS y el Valor Esperado, y seleccione el Diferencial de Riesgo que sea más adecuado para cada fila de WBS.

Repita los mismos pasos anteriores en las subpestañas de *Riesgo* y *Oportunidad*. Sin embargo, en esas subpestañas, hay una columna extra que se llama Probabilidad que requiere una entrada.

La porción correspondiente a la entrada de datos de esta herramienta es relativamente directa, pero a continuación hay algunos consejos útiles para aumentar su productividad al utilizar esta herramienta:

- Las columnas que son entradas aparecen en color *blanco,* mientras que las celdas/columnas calculadas aparecen en color *gris* claro. Igualmente, el no poder pulsar en una celda y digitar el valor, indica que la celda o columna es una salida calculada (p.ej. Columnas *Bajas/Altas* calculadas).

- Al seleccionar el Diferencial de la lista de despliegue, se calculará automáticamente las columnas *Altas/Bajas Calculada*s con base en el nivel diferencial y el tipo de distribución seleccionada. Los Diferenciales se basan en la subpestaña de Tablas Diferenciales, que explicaremos en un momento.

- La columna de *Valor Esperado* es para los datos de entrada del usuario y comprende los valores estáticos de entrada, mientras que la columna de Simulación correspondería a los resultados calculados/simulados. Cuando ejecutamos una simulación de riesgos en los próximos cortos pasos, usted verá que los valores en esta columna cambian dinámicamente.

- Lo predeterminado es mostrar 100 filas, pero usted puede cambiar el número de filas para verlo según lo requiera. Lo mismo aplica para el número de decimales que se muestran (lo predeterminado son 0 decimales, en donde los valores se redondean al dólar más cercano). Asegúrese de tener filas suficientes antes de pegar los datos, de lo contrario podrían faltar algunas filas de datos. Después de pegar los datos asegúrese de no reducir el número de filas a una cantidad menor de las filas de datos que tiene (por supuesto, usted recibirá un mensaje de advertencia si esto ocurre), ya que algunos datos podrían ser eliminados accidentalmente.

- Usted también puede *Restablecer Todos los Diferenciales* al mismo tiempo, utilizando la lista desplegable en la parte superior derecha de la interfaz de usuario. Esto restablecerá todos los Diferenciales para la subpestaña.

- *Archivo | Encriptación de Datos* y *Desencriptación* le permite proteger sus datos.

- El pegar los datos sólo funcionará en las celdas de entrada *blancas*. No puede pegar datos en celdas calculadas o en listas desplegables como Diferenciales de Riesgos.

- *Editar | Editar lista Desplegable de Diferenciales* le permite configurar cuáles diferenciales de riesgos están disponibles en las subpestañas de Costo, Riesgo u Oportunidad.

- Se pueden pulsar los encabezados para clasificar los datos. Sin embargo, para facilitar la clasificación del conjunto de datos sin filas vacías, la herramienta reducirá automáticamente el número de filas visibles para coincidir con el número de filas de datos disponibles antes de realizar la clasificación. Al hacer la clasificación, usted puede ver las partidas de WBS agrupadas por diferenciales de riesgo u organizadas en términos de valor esperado, y así sucesivamente.

- La lista desplegable de *Diferenciales* se puede copiar y pegar. Es decir, usted puede seleccionar un diferencial para una partida específica, con el clic derecho *Copiar* y después seleccionar varias otras filas y *Pegar* con un clic derecho el mismo diferencial de riesgo. Esto resulta útil cuando la estructura WBS es grande.

En la subpestaña de Tablas Diferenciales (Gráfico 7.4) de la pestaña de Supuestos de Entrada se ingresan los diferenciales de riesgos predeterminados. Continuando con el mismo ejemplo, pulse la subpestaña de *Tablas Diferenciales* en la pestaña principal de *Supuestos de Entrada*.

La subpestaña *Triangular* muestra las distribuciones *Simétrica*, con *Asimetría Izquierda y Asimetría Derecha* para una distribución Triangular, y los 7 niveles de riesgo de cada tipo de distribución con asimetría. Puede anular estos valores Bajos y Altos del diferencial de riesgos, pero recuerde pulsar *Archivo | Guardar* para conservar los cambios o hacer clic en el botón *Restaurar los Diferenciales Predeterminados* en caso de cometer un error.

A continuación, encontrará algunas notas importantes para tener en cuenta relacionadas con las tablas diferenciales de riesgos:

- En la subpestaña Normal vemos los niveles diferenciales de riesgos de la distribución normal, igual que en la subpestaña Triangular, en donde usted puede cambiar los diferenciales tal como se requiera o mantener los valores predeterminados.

- En contraste, la subpestaña *Programa Específico*, o *Personalizado* le permite ingresar sus propios *Nombres de Nivel de*

Riesgo y *Diferenciales de Nivel de Riesgos* específicos para el programa objeto de evaluación, hasta 20 niveles de riesgo.

- Cuando edite o ingrese los *Diferenciales Personalizados*, éste los *Auto-Guarda* sin preguntar. Al re-abrir la herramienta del software la próxima vez, los diferenciales personalizados ingresados estarán presentes.

- Puede editar/cambiar los diferenciales predeterminados si se dirige a la carpeta de instalación de la ruta y edita el archivo de *Diferenciales Predeterminados.xml* directamente. Puede editar este archivo en *Notepad* o *Word*, pero por favor tenga cuidado al hacerlo, ya que los diferenciales predeterminados actuales se basan en los lineamientos del Manual de Análisis de Costos de la Fuerza Aérea. Los diferenciales en la herramienta no se pueden editar directamente para evitar cualesquiera errores del usuario.

- Hay una *Nueva Subcategoría* disponible bajo las categorías personalizadas. Esta *Nueva Subcategoría* sólo crea una fila vacía desprovista de entradas numéricas. Lo que usted ingrese en esta línea, no se utiliza ni se calcula, porque sólo se usa como una separación visual, tal como si el usuario quisiera decir que la siguiente sección es Nivel 3 consolidado o Nivel 2 consolidado de la WBS o un grupo de datos/categoría por separado dentro de la WBS. Esto no está disponible por defecto, pero se puede activar fácilmente. Sencillamente se dirige a *Editar | Editar Lista de Diferenciales* y selecciona *Nueva Subcategoría* en la parte inferior.

- Si escoge la *No Selección* para un diferencial de riesgo (p.ej. ya sea que no se selecciona algo o se selecciona la línea en blanco) esta partida se quita completamente de la combinación de cálculos. En otras palabras, la no selección es como un marcador para que el usuario temporalmente incluya una partida, pero las entradas no se utilizan en los cálculos... ¡esto le da al usuario cierta flexibilidad! Compare esto con la selección de la lista desplegable de *No Riesgo* que significa que esta partida no está simulada, sino que el valor de entrada esperado de punto único aún se utiliza en los cálculos.

This S-Curve tool allows you to enter in Costs, Risks and Opportunities, as well as their respective expected values and risk spreads, and run a Monte Carlo risk simulation based on the selected distributional skew and risk spread. The results will be presented as S-Curves (cumulative distribution function) and histograms (probability density functions).

Input Assumptions   Risk Simulation   Return on Sales (ROS)   Range of Financial Outcomes   Knowledge Center

Cost   Risk   Opportunity   Spread Tables

Enter the Cost, Risk, and Opportunity item names, their respective expected values, and the desired risk spread. The risk spreads will be automatically computed and Monte Carlo Risk Simulation will be applied on the computed distributions.

Grid: 500   Rows   Reset All Spreads with:
Show   0   Decimals

N	ID	Item Name	Impact ($)	Spread		Computed Low	Computed High	Simulation
TOTAL			$320,000			$223,379	$610,354	
1	1	Automated Information System (AIS) Developed		NEW SUBCATEGORY	▸			
2	1.1	Automated Information System Prime Mission Product Release/Increment 1...n (Specify)		NEW SUBCATEGORY	▸			
3	1.1.1	Custom Application 1...n (Specify)		NEW SUBCATEGORY	▸			
4	1.1.1.1	Custom Application 1...n (Specify) Subsystem Hardware 1...n (Specify)		NEW SUBCATEGORY	▸			
5	1.1.1...	Custom Application 1...n (Specify) Subsystem Hardware 1...n (Specify) Hardware Product Engineering	$50,000	Triangular (Right Skew): Very High	▸	$22,465	$132,665	
6	1.1.1...	Custom Application 1...n (Specify) Subsystem Hardware 1...n (Specify) Hardware Configuration Item (HWCI) 1...n (Specify)		NEW SUBCATEGORY	▸			
7	1.1.1...	Custom Application 1...n (Specify) Subsystem Hardware 1...n (Specify) HWCI 1...n (Specify) Hardware Requirements	$10,000	Triangular (Right Skew): Low	▸	$8,170	$15,515	
8	1.1.1...	Custom Application 1...n (Specify) Subsystem Hardware 1...n (Specify) HWCI 1...n (Specify) Hardware Architecture and Design	$10,000	Triangular (Right Skew): Average	▸	$7,554	$17,353	
9	1.1.1...	Custom Application 1...n (Specify) Subsystem Hardware 1...n (Specify) HWCI 1...n (Specify) HW Prototyping	$10,000	Triangular (Right Skew): Medium	▸	$6,938	$19,190	
10	1.1.1...	Custom Application 1...n (Specify) Subsystem Hardware 1...n (Specify) HWCI 1...n (Specify) COTS/GOTS HW Component Identification	$10,000	Triangular (Right Skew): Above Average	▸	$6,322	$21,027	
11	1.1.1...	Custom Application 1...n (Specify) Subsystem Hardware 1...n (Specify) HWCI 1...n (Specify)	$10,000	Triangular (Right Skew): High	▸	$5,705	$22,864	

Gráfico 7.1: Costos de la Estructura de Desglose del Trabajo por medio de la Fijación de Precios con Curva-S

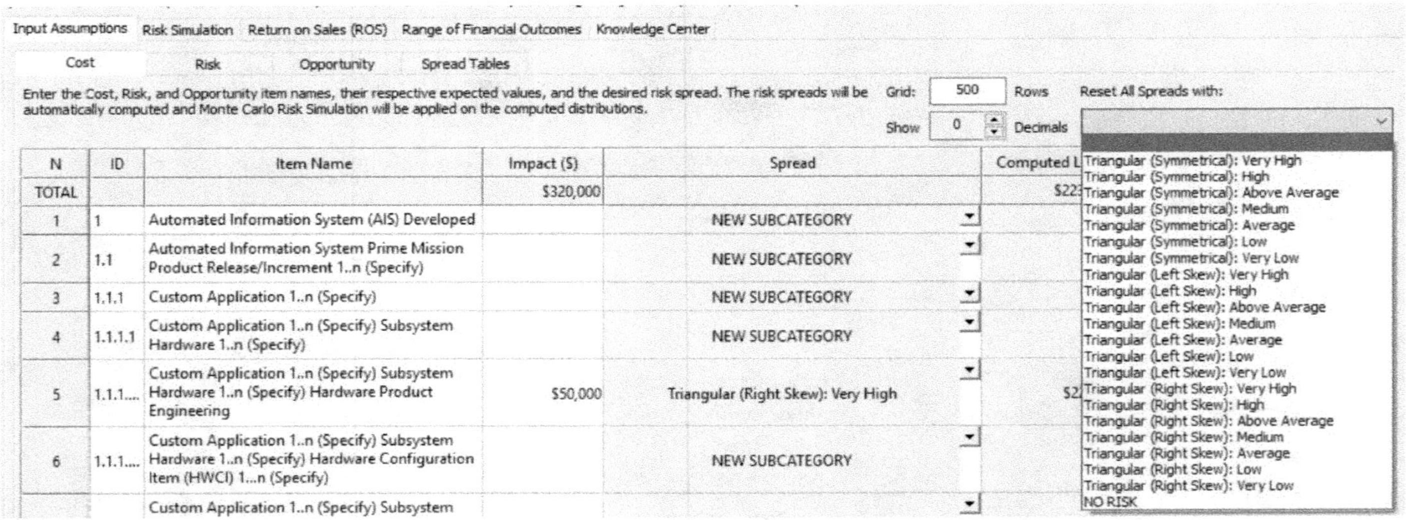

Cost   Risk   Opportunity   Spread Tables

Enter the Cost, Risk, and Opportunity item names, their respective expected values, and the desired risk spread. The risk spreads will be automatically computed and Monte Carlo Risk Simulation will be applied on the computed distributions.

Grid: 500 Rows
Show: 0 Decimals

Reset All Spreads with:

N	ID	Item Name	Impact ($)	Spread	Computed L...
TOTAL			$320,000		$22...
1		Automated Information System (AIS) Developed		NEW SUBCATEGORY	
2	1.1	Automated Information System Prime Mission Product Release/Increment 1..n (Specify)		NEW SUBCATEGORY	
3	1.1.1	Custom Application 1..n (Specify)		NEW SUBCATEGORY	
4	1.1.1.1	Custom Application 1..n (Specify) Subsystem Hardware 1..n (Specify)		NEW SUBCATEGORY	
5	1.1.1....	Custom Application 1..n (Specify) Subsystem Hardware 1..n (Specify) Hardware Product Engineering	$50,000	Triangular (Right Skew): Very High	$2...
6	1.1.1....	Custom Application 1..n (Specify) Hardware Configuration Item (HWCI) 1..n (Specify)		NEW SUBCATEGORY	
		Custom Application 1..n (Specify) Subsystem			

Reset All Spreads with:
Triangular (Symmetrical): Very High
Triangular (Symmetrical): High
Triangular (Symmetrical): Above Average
Triangular (Symmetrical): Medium
Triangular (Symmetrical): Average
Triangular (Symmetrical): Low
Triangular (Symmetrical): Very High
Triangular (Left Skew): Very High
Triangular (Left Skew): High
Triangular (Left Skew): Above Average
Triangular (Left Skew): Medium
Triangular (Left Skew): Average
Triangular (Left Skew): Low
Triangular (Left Skew): Very Low
Triangular (Right Skew): Very High
Triangular (Right Skew): High
Triangular (Right Skew): Above Average
Triangular (Right Skew): Medium
Triangular (Right Skew): Average
Triangular (Right Skew): Low
Triangular (Right Skew): Very Low
NO RISK

Gráfico 7.2: Simulación de Diferenciales de Supuestos

This S-Curve tool allows you to enter in Costs, Risks and Opportunities, as well as their respective expected values and risk spreads, and run a Monte Carlo risk simulation based on the selected distributional skew and risk spread. The results will be presented as S-Curves (cumulative distribution function) and histograms (probability density functions).

Input Assumptions   Risk Simulation   Return on Sales (ROS)   Range of Financial Outcomes   Knowledge Center

| Cost | Risk | Opportunity | Spread Tables |

Enter the Cost, Risk, and Opportunity item names, their respective expected values, and the desired risk spread. The risk spreads will be automatically computed and Monte Carlo Risk Simulation will be applied on the computed distributions.

Grid: 500 Rows   Reset All Spreads with:

Show 0 Decimals

N	ID	Item Name	Impact ($)	Spread	PROB	Mean	Stdev	Simulation
TOTAL			$50,000			$34,689	$95,949	
1	R1	Risk 1 Title or Short Description	$10,000	Triangular (Right Skew): Low	50%	$8,170	$15,515	
2	R2	Risk 2 Title or Short Description	$10,000	Triangular (Right Skew): Average	60%	$7,554	$17,353	
3	R3	Risk 3 Title or Short Description	$10,000	Triangular (Right Skew): Medium	70%	$6,938	$19,190	
4	R4	Risk 4 Title or Short Description	$10,000	Triangular (Right Skew): Above Average	80%	$6,322	$21,027	
5	R5	Risk 5 Title or Short Description	$10,000	Triangular (Right Skew): High	90%	$5,705	$22,864	
6								
7								
8								
9								
10								
11								
12								
13								
14								
15								
16								
17								
18								
19								
20								
21								

Gráfico 7.3: Riesgos

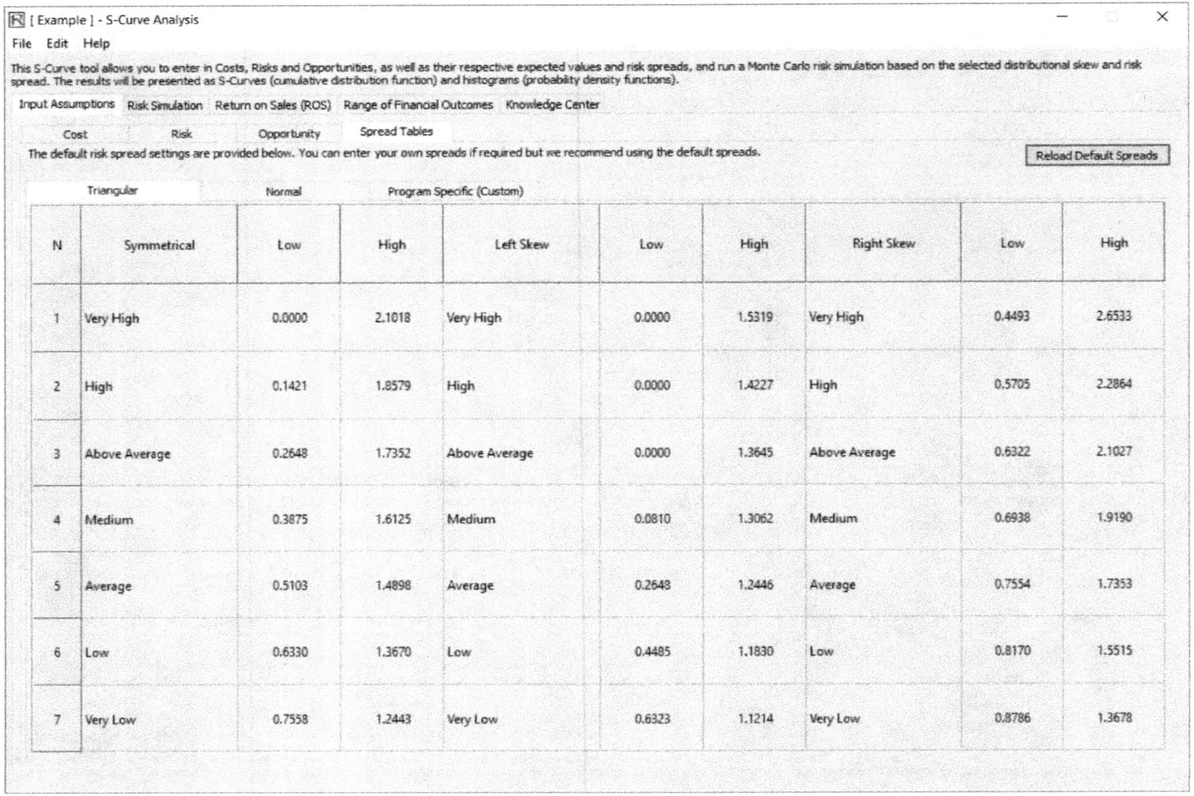
[Example] - S-Curve Analysis
File Edit Help
This S-Curve tool allows you to enter in Costs, Risks and Opportunities, as well as their respective expected values and risk spreads, and run a Monte Carlo risk simulation based on the selected distributional skew and risk spread. The results will be presented as S-Curves (cumulative distribution function) and histograms (probability density functions).
Input Assumptions
Risk Simulation
Return on Sales (ROS)
Range of Financial Outcomes
Knowledge Center
Cost
Risk
Opportunity
Spread Tables
The default risk spread settings are provided below. You can enter your own spreads if required but we recommend using the default spreads.
Reload Default Spreads
Triangular
Normal
Program Specific (Custom)

N	Symmetrical	Low	High	Left Skew	Low	High	Right Skew	Low	High
1	Very High	0.0000	2.1018	Very High	0.0000	1.5319	Very High	0.4493	2.6533
2	High	0.1421	1.8579	High	0.0000	1.4227	High	0.5705	2.2864
3	Above Average	0.2648	1.7352	Above Average	0.0000	1.3645	Above Average	0.6322	2.1027
4	Medium	0.3875	1.6125	Medium	0.0810	1.3062	Medium	0.6938	1.9190
5	Average	0.5103	1.4898	Average	0.2648	1.2446	Average	0.7554	1.7353
6	Low	0.6330	1.3670	Low	0.4485	1.1830	Low	0.8170	1.5515
7	Very Low	0.7558	1.2443	Very Low	0.6323	1.1214	Very Low	0.8786	1.3678

Gráfico 7.4: Simulación de Tablas de Diferenciales

Interpretación de Resultados

En el Gráfico 7.5 apreciamos los resultados de la simulación de riesgos de Monte Carlo. El CDF o la función de distribución acumulada muestran una forma típica de Curva-S. Dependiendo del tomador de decisiones, el nivel característico que se utiliza en una licitación está entre el percentil 75 y el 85. En el ejemplo actual, el percentil 80 corresponde a un precio de oferta de USD $433,665. Este resultado no sería posible y no se puede obtener sin ejecutar la simulación. Por ejemplo, las estimaciones de punto único darían un total de USD$223.379 al sumar todos los valores mínimos y de USD$610,354 si se suman conjuntamente todos los valores máximos en la WBS.

File   Edit   Help

This S-Curve tool allows you to enter in Costs, Risks and Opportunities, as well as their respective expected values and risk spreads, and run a Monte Carlo risk simulation based on the selected distributional skew and risk spread. The results will be presented as S-Curves (cumulative distribution function) and histograms (probability density functions).

Input Assumptions   Risk Simulation   Return on Sales (ROS)   Range of Financial Outcomes: Knowledge Center

Run the simulation and review the S-Curve results in the tabs. We recommend using the default settings for simplicity but you can always modify the settings and try out the various S-Curve settings.

Simulation Trials   10000

☑ Seed Value (Optional)   123   Run Simulation

Total CRO   Total Cost   Total Risk   Total Opportunity   Overlay

Bar Type: Bar   Bar Color   Line Index: 1 [20]   ▼   S-Curve Color

Data Labels...   Custom Text Properties

Percentile	Value
0%	271,227
5%	374,232
10%	381,540
20%	389,823
30%	396,734
40%	402,717
50%	409,106
60%	416,436
70%	424,121
80%	433,666
90%	446,913
95%	457,504
100%	609,730

Statistics	Value
Trials	10,000
Mean	411,834
Median	409,106
Stdev	26,914
Variance	724,383,349
CV	6.54%
Skew	0.4362
Kurtosis	1.8330
Minimum	271,227
Maximum	609,730
Range	338,502

Copy Chart   Copy Results   0   Decimals

Show Gridlines   Open Simulation Results

Extract Simulation Data   Save Simulation Results

Create S-Curve in Excel

S-Curve
Percentiles %:   20.00   50.00   80.00   Update   Two Tails   Percentiles: %   80   %
Certainty Values: Confidence: %   433,665.62

(Chart: Cumulative Probability vs Value)
100% – 10% axis; x-axis: 271227, 321227, 371227, 421227, 471227, 521227, 571227, 621227
20%, 389,823   50%, 409,106   80%, 433,666 (BID)

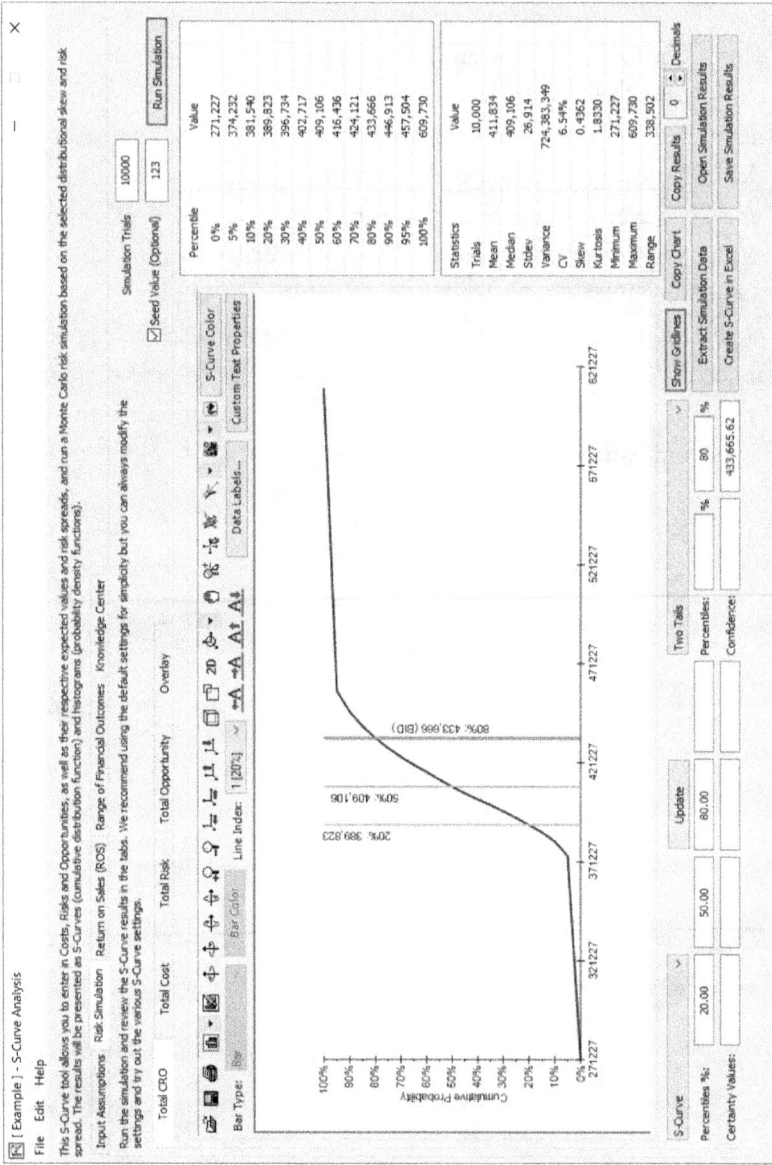

Gráfico 7.5: Simulación de la Fijación de Precios con la Curva-S

[Example] - S-Curve Analysis

File   Edit   Help

This S-Curve tool allows you to enter in Costs, Risks and Opportunities, as well as their respective expected values and risk spread, and run a Monte Carlo risk simulation based on the selected distributional skew and risk spread. The results will be presented as S-Curves (cumulative distribution function) and histograms (probability density functions).

Input Assumptions   Risk Simulation   Return on Sales (ROS)   Range of Financial Outcomes   Knowledge Center

STEP 1: Select the S-Curve:
● Cost + Risk - Opportunity   ○ Risk   ○ Custom

STEP 2: Select the Contract Type
○ Cost
○ Cost Plus Award Fee
○ Cost Plus Incentive Fee
○ Cost Plus Fixed Fee
● Firm Fixed Price
○ Fixed Price Incentive Firm

STEP 4: Compute   2 ⬍ Decimals
☐ Compute and Show All Models in ROFO

[Compute]   [Copy]   [View All]

STEP 3: Enter the following information:
☑ Divide S-Curve Percentiles by   1

Bid Cost/Target Cost	$434,131.86
Award Fee (%)	
Fixed Fee (%)	
Profit (%)	15.00%
MIN Target Cost Profit (%)	
Target Cost Profit (%)	
MAX Target Ccost Profit (%)	
Buyer Share Ratio Underrun	
Buyer Share Ratio Overrun	
Ceiling Price (% of Target Cost)	

Northrop Grumman ROS Thresholds

	COST	COST - RISK	COST + RISK - OPP	CUSTOM
0%	251,402.30	280,737.54	271,227.45	
10%	354,348.34	396,832.26	381,539.96	
20%	362,598.88	405,002.19	389,823.25	
30%	369,200.13	411,674.68	396,734.09	
40%	374,910.63	417,738.79	402,717.37	
50%	381,335.23	423,997.75	409,105.84	
60%	388,464.49	431,316.11	416,436.18	
70%	396,265.34	439,055.96	424,120.80	
80%	405,873.54	448,499.55	433,665.62	
90%	418,753.05	461,575.80	446,912.59	
100%	568,698.50	632,820.95	609,729.68	

Share Ratio   Buyer   Seller   Bid:

	Target	Percentile	Profit	Price
Underrun	$434,131.86	80.35%		
Overrun				

Profit

Percentiles:	0%	10%	20%	30%	40%	50%	60%	70%	80%	90%	100%	PTA	Ceiling
Target Cost	$434,131.86	$434,131.86	$434,131.86	$434,131.86	$434,131.86	$409,105.84	$416,436.18	$424,120.80	$433,665.62	$446,912.59	$609,729.68	$434,131.86	$434,131.86
Final Cost	$271,227.45	$381,539.96	$389,823.25	$396,734.09	$402,717.37	$409,105.84	$416,436.18	$424,120.80	$433,665.62	$446,912.59	$609,729.68	Same	Same
	Underrun	Underrun	Underrun	Underrun	Underrun	Underrun	Underrun	Underrun	Underrun	Overrun	Overrun		
Cost Delta (Final - Target)	$162,904.41	$52,591.90	$44,308.61	$37,397.77	$31,414.49	$25,026.02	$17,695.68	$10,011.06	$466.21	-$12,780.73	-$175,597...	Same	Same

Gráfico 7.6: Análisis CRO con Base en los Tipos de Contratos

CONSTRUCCIÓN DE UNA CASA NUEVA

Este capítulo presenta un ejemplo de gestión de proyectos-*[PM]* al construir una casa nueva. En lugar de utilizar las Tareas genéricas 1, 2 y así sucesivamente, según se vio en capítulos anteriores, este ejemplo de construcción de una casa proporciona una ilustración más práctica del módulo de PM en PEAT, ahora que usted está familiarizado con sus algoritmos y funcionalidades.

El siguiente ejemplo, supone que una pareja ha decidido construir la nueva casa de sus sueños en California del Norte. La tierra de 0.5 acres que planean comprar cuesta USD$800.000. Aún están pendientes las negociaciones finales y el contrato. Mientras tanto, la pareja está trabajando con un contratista general para desarrollar un plan para construir su nueva casa.

Pasos para Construir una Casa Nueva

Después de varias consultas con el contratista general, se desarrollaron las siguientes tareas en su plan del proyecto. Los elementos que tienen un * se deben correr en paralelo.

- Tarea 1: Compra del Terreno
- Tarea 2: Planos Arquitectónicos
- Tarea 3: Financiación*

- Tarea 4: Permisos*
- Tarea 5: Recorrido Inicial de Orientación
- Tarea 6: Excavación
- Tarea 7: Zapatas
- Tarea 8: Cimientos*
- Tarea 9: Drenaje*
- Tarea 10: Relleno*
- Tarea 11: Estructura
- Tarea 12: Recorrido Pre-Muro de Yeso-*[Drywall]*
- Tarea 13: Techado*
- Tarea 14: Tapajuntas*
- Tarea 15: Inspecciones*
- Tarea 16: Puertas y Ventanas
- Tarea 17: Plomería*
- Tarea 18: Calefacción*
- Tarea 19: Sistema Eléctrico*
- Tarea 20: Inspección
- Tarea 21: Acabados Exteriores
- Tarea 22: Aislamiento*
- Tarea 23: Barreras de Aire / Vapor*
- Tarea 24: Revisión de Gabinetes y Electricidad*
- Tarea 25: Selección de Acabados Interiores*
- Tarea 26: Acabados Interiores
- Tarea 27: Pintura*
- Tarea 28: Gabinetes*
- Tarea 29: Accesorios*
- Tarea 30: Paisajismo*
- Tarea 31: Recorrido de Pre-Cierre
- Tarea 32: Cierre de la Nueva Casa

Cronograma Complejo
y Modelo de Costos

El primer paso que dio la pareja fue desarrollar un modelo de ruta de red compleja tal como se aprecia en el Gráfico 8.1. Algunas de las tareas requeridas se modelan de manera secuencial, en donde las tareas subsiguientes no se pueden completar salvo que se complete la tarea anterior. Por ejemplo, el techo no se puede instalar hasta que la estructura no se haya armado, y los trabajos de excavación no pueden comenzar hasta tanto los funcionarios de la ciudad no hayan aprobado los planos arquitectónicos y se hayan expedido los permisos. Otras tareas se pueden trabajar en paralelo, tales como obtener financiación bancaria y diligenciar el papeleo financiero mientras que se presentan los planos para obtener los permisos. Se pueden adelantar a la vez, trabajos de plomería, calefacción y electricidad (los plomeros y electricistas podrían estar atravesados uno en el camino del otro pero aun así pueden continuar trabajando uno alrededor del otro).

Los Gráficos 8.2 y 8.3 muestran algunos de los supuestos de entrada que la pareja y el contratista proyectan como costos de cada tarea. Igualmente se ingresa el cronograma necesario (en semanas) para cada una de las tareas. Se ejecutó una simulación de Monte Carlo. Los resultados en el Gráfico 8.2 exhiben la ruta crítica del proceso de construcción de la casa y el Gráfico 8.3 ilustra la probabilidad de que cada ruta sea la ruta crítica.

En los Gráficos 8.4 y 8.5 se aprecian los resultados del perfil de riesgos de los costos y el cronograma. Mientras que las estimaciones de punto único en el Gráfico 8.3 muestran USD$1,230,173 y 38 semanas para terminar la construcción de la casa de sus sueños, después de ejecutar una simulación, el costo esperado o media es realmente de USD$1,247,877 y 38.7 semanas. De hecho, para estar seguros, la pareja escogió un percentil 99, en donde el costo seguramente no va a exceder los USD$1, 297,404 y 41.4 semanas. Esto significa que deben tener aproximadamente una reserva presupuestal de USD$50.000 y 3 semanas extras para posibles retrasos en el cronograma. Esto podría significar que la pareja se deberá abstener de comprar ese nuevo automóvil deportivo y ¡aplazar unas semanas esa fiesta con los vecinos del barrio!

Finalmente, y a fin de reducir los posibles retrasos en el cronograma, los nuevos propietarios de vivienda pueden encontrar maneras para mitigar las tareas que están en la ruta crítica. Por ejemplo, la financiación (Tarea 3) se podría estar demorando, y podrían considerar el trabajar con un agente hipotecario experimentado en lugar de hacer ellos mismos el papeleo, o pueden iniciar ese trabajo de paisajismo (Tarea 30) más pronto, una vez que se terminen los acabados exteriores, y así sucesivamente. Se pueden efectuar estos cambios en el modelo y repetir los cálculos para ver los impactos de estas modificaciones.

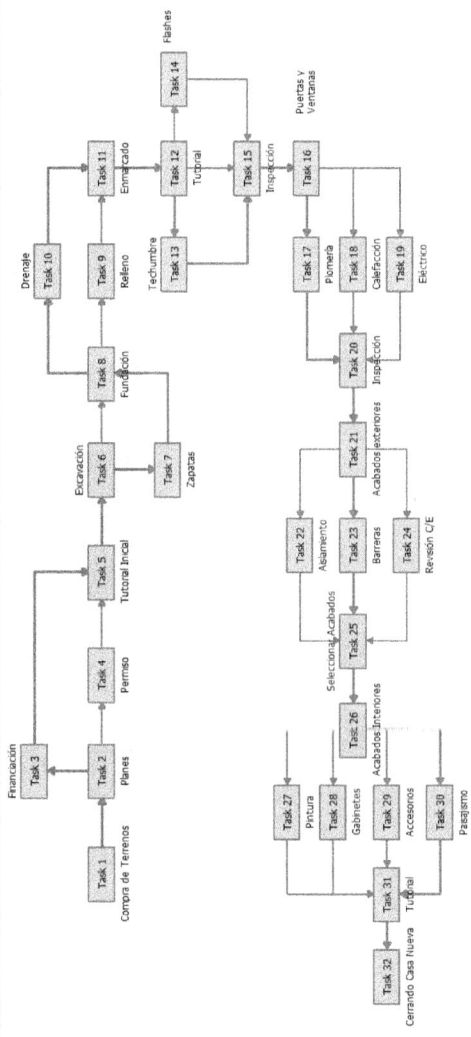

Gráfico 8.1: Modelo de Ruta de Red Compleja

ROV PROJECT ECONOMICS ANALYSIS TOOL - [M:\Books\28 - Management Book VI - PM\Raw Figures and Models\Project Management Book - Building a House (Spanish).rovprojec... — □ X

Archivo Editar Proyecto Reporte Herramientas Idioma (Language) Decimales Ayuda

Bienvenido a ROV Project Economics Analysis Tool (PEAT). Este módulo permite gestionar proyectos de manera dinámica basado en un análisis de cronograma y costo. Con este módulo puede construir su propio diagrama de red, modelar e identificar la ruta crítica, aplicar Simulación de Monte Carlo y aplicar análisis de sensibilidad dinámico para determinar el costo y cronograma bajo incertidumbre.

Gestión de Proyecto Analítica Aplicadas Simulación de Riesgo Estrategia de Opciones Valoración de Opciones Pronóstico Tablero de Comandos Centro de Conocimiento

Construyendo una Casa Análisis de Portafolio

Seleccionar el Proyecto Programa & Modelo de Riesgo de Costo a usar: ○ Camino secuencial   ● Ruta de Red Compleja   Proyecto Nombre/Notas:

Diagrama de Red   Programa & Costo

☑ Incluir Análisis de Costo basado en el programa   ☑ Realizar simulación de riesgo
☑ Incluir sobrecoste de Presupuesto & Buffers   ☑ Aplicar valor semilla:
☐ Incluir probabilidades de éxito de cada tarea y Modelar sus impactos

Ensayos de simulación: 123   Correr   Correr Todos Proyectos
Tareas con: 32 ◄►   ☑ Actualización Auto   ☐ Correr Secuencialmente
Mostrar   Semanalmente ∨   Triangular ∨

Proyecto Nombre/Notas: 1,000

Tarea	Nombre Tarea	Costos (Costo Fijo)			Calculado	Horario (Semanas)			Variable	Sobrecoste
		Mínimo	Más prob...	Máximo	Costo	Mínimo	Más prob...	Máximo	Semanal...	Supuesto
Task 1	Compra de Terrenos	800,000	800,000	850,000	800,000	0.5	1	1.5	0	0.00%
Task 2	Planes	5,000	10,000	15,000	13,650	2	3	3	1,000	5.00%
Task 3	Financiación	100	100	100	400	2	3	4	100	0.00%
Task 4	Permiso	2,000	5,000	6,000	5,000	2	2	4	0	0.00%
Task 5	Tutorial Inicial	100	100	100	200	0.5	1	1.5	100	0.00%
Task 6	Excavación	18,000	20,000	25,000	23,100	1	2	2	1,000	5.00%
Task 7	Zapatas	5,000	6,000	8,000	7,350	0.5	1	1	1,000	5.00%
Task 8	Fundación	18,000	25,000	35,000	27,300	1	1	1.5	1,000	5.00%
Task 9	Relleno	2,000	4,000	5,000	4,725	0.5	1	1	500	5.00%
Task 10	Drenaje	2,000	6,000	8,000	7,088	1	1.5	2	500	5.00%
Task 11	Enmarcado	15,000	28,000	35,000	34,100	3	3	6	1,000	10.00%
Task 12	Tutorial	100	100	100	200	0.5	1	1.5	100	0.00%
Task 13	Techumbre	15,000	20,000	25,000	25,300	2	3	4	1,000	10.00%
Task 14	Flashes	1,000	3,000	3,000	3,675	0.5	1	1.5	500	5.00%
Task 15	Inspección	100	100	100	150	0.5	0.5	0.5	100	0.00%
Task 16	Puertas y Ventanas	10,000	15,000	19,000	17,325	1	1.5	2	1,000	5.00%
Task 17	Plomería	15,000	18,000	22,000	21,525	2	2.5	3	1,000	5.00%
Task 18	Calefacción	18,000	25,000	30,000	27,300	1	1	1.5	1,000	5.00%

Gráfico 8.2: Supuestos de Cronograma y Costos I

Archivo   Editar   Proyecto   Reporte   Herramientas   Idioma (Language)   Decimales   Ayuda

Bienvenido a ROV Project Economics Analysis Tool (PEAT). Este módulo permite gestionar proyectos de manera dinámica basado en un análisis de cronograma y costo. Con este módulo puede construir su propio diagrama de red, modelar e identificar la ruta crítica, aplicar Simulación de Monte Carlo y aplica análisis de sensibilidad dinámico para determinar el costo y cronograma bajo incertidumbre.

Gestión de Proyecto | Analítica Aplicadas | Simulación de Riesgo | Estrategia de Opciones | Valoración de Opciones | Pronóstico | Tablero de Comandos | Centro de Conocimiento

Construyendo una Casa   Análisis de Portafolio

Seleccionar el Proyecto Programa & Modelo de Riesgo de Costo a usar: ○ Camino secuencial   ● Ruta de Red Compleja   Proyecto Nombre/Notas:

Diagrama de Red   Programa & Costo

☑ Incluir Análisis de Costo basado en el programa   ☑ Realizar simulación de riesgo
☑ Incluir sobrecoste de Presupuesto & Buffers   ☑ Aplicar valor semilla:
☐ Incluir probabilidades de éxito de cada tarea y Modelar sus impactos

Ensayos de simulación: 1,000   semilla: 123   Mostrar: 32

		Tareas con		Ensayos de simulación	Semanalmente	Correr (Actualización Auto)		Triangular	Correr Todos Proyectos (Correr Secuencialmente)
Task 19	Eléctrico	8,000	12,000	15,000	16,675	2	2.5	3	1,000	15.00%
Task 20	Inspección	100	100	100	150	0.5	0.5	0.5	100	0.00%
Task 21	Acabados exteriores	4,000	5,000	8,000	6,563	2	2.5	3	500	5.00%
Task 22	Aislamiento	3,000	3,500	4,000	4,200	1	1	2	500	5.00%
Task 23	Barreras	2,000	3,000	5,000	3,938	1	1.5	2	500	5.00%
Task 24	Revisión C/E	100	100	100	150	0.5	0.5	0.5	100	0.00%
Task 25	Seleccionar Acabados	50,000	85,000	115,000	93,610	3	1	1	100	10.00%
Task 26	Acabados Interiores	35,000	45,000	65,000	51,450	3	4	5	1,000	5.00%
Task 27	Pintura	4,000	5,000	8,000	6,300	2	2	3	500	5.00%
Task 28	Gabinetes	2,000	3,000	5,000	4,200	1	2	3	500	5.00%
Task 29	Accesorios	5,000	8,000	12,000	9,450	1	2	3	500	5.00%
Task 30	Paisajismo	8,000	10,000	15,000	15,000	2	2.5	3	1,000	20.00%
Task 31	Tutorial	0	0	0	50	0.5	0.5	0.5	100	0.00%
Task 32	Cerrando Casa Nueva	0	0	0	50	0.5	0.5	0.5	100	0.00%
	Total Proyecto	**1,047,600**	**1,165,100**	**1,338,600**	**1,230,173**	28	38.00	49	**65,073**	
	Duración Total Esperada									**13.60%**
	Ruta Crítica 1-3, 5-8, 10-13, 15-17, 20-21, 23, 25-26, 30-32									**13.10%**
	Ruta Crítica 1-3, 5-8, 10-13, 15-16, 19-21, 23, 25-26, 30-32									**6.90%**
	Ruta Crítica 1-3, 5-8, 10-13, 15-16, 19-22, 25-26, 30-32									**6.70%**
	Ruta Crítica 1-3, 5-8, 10-13, 15-16, 19-21, 23, 25-27, 31-32									

Gráfico 8.3: Supuestos del Cronograma y Costos II

ROV PROJECT ECONOMICS ANALYSIS TOOL - [M:\Books\28 - Management Book VI - PM\Raw Figures and Models\Project Management Book - Building a House (Spanish).rowprojec... — □ ×

Archivo Editar Proyecto Reporte Herramientas Idioma (Language) Decimales Ayuda

Bienvenido a ROV Project Economics Analysis Tool (PEAT). Este módulo permite gestionar proyectos de manera dinámica basado en un análisis de cronograma y costo. Con este módulo puede construir su propio diagrama de red, modelar e identificar la ruta crítica, aplicar Simulación de Monte Carlo y aplicar análisis de sensibilidad dinámico para determinar el costo y cronograma bajo incertidumbre.

Gestión de Proyecto Analítica Aplicadas Simulación de Opciones Estrategia de Opciones Valoración de Opciones Pronóstico Tablero de Comandos Centro de Conocimiento

Resultados de Simulación Superposición de Resultados Análisis de Alternativas Sensibilidad Dinámica

Seleccionar la Opción y la Variable de Salida para ver los resultados:

Construyendo una Casa: Costo Proyecto

Bar Tipo: Bar   Bar Color   Línea Índice: S-Curve Color   Propiedades Personalizadas

Ver Datos

Construyendo una Casa: Costo Proyecto

Frequencia

140.00 —
120.00 —
100.00 —
80.00 —
60.00 —
40.00 —
20.00 —
0.00 —

1,189,932.94   1,214,940.18   1,239,947.42   1,264,954.65   1,289,961.89   1,314,969.12

Cola Izquierda, 99% em 1,297,403.97

Mostrar líneas verticales en: Histograma PDF ∨   Actualizar   Calcular y Mostrar líneas en: Cola Izquierda <=

Percentiles %:   Percentiles: 99.00   %

Valores de Certeza: Copiar Tabla   Mostrar Cuadrícula   Confianza: %

☑ Mostrar info.   ☑ Mostrar info.   Extraer Datos de Simulación

Estadísticas/Percentil	Valor
Ensayos	1,000
Mode	1,297,677.5930
Mediana	1,248,233.2655
Desv.Estándar	21,622.9608
CV	1.7328%
Sesgo	0.0880
Curtosis	-0.0779
Mínimo	1,189,932.9436
Máximo	1,314,969.1240
Rango	125,036.1804
0%	1,189,932.9436
5%	1,212,936.1293
10%	1,219,746.2470
20%	1,228,240.8518
30%	1,236,347.4882
40%	1,243,516.1353
50%	1,248,233.2655

Nombre: Costos 99% Percentil

Modelo
Costos 99% Percentil
Cronorama 99% Percentil

Nuevo
Guardar como
Editar
Guardar
Eliminar

4 ◄► Decimales

Al guardar, incluir los datos y los resultados simulados (esto puede resultar en más lenta respuesta y archivos de mayor ☑ tamaño)

Abrir   Guardar

Gráfico 8.4: Costo Simulado

Archivo   Editar   Proyecto   Reporte   Herramientas   Idioma (Language)   Decimales   Ayuda

Bienvenido a ROV Project Economics Analysis Tool (PEAT). Este módulo permite gestionar proyectos de manera dinámica basado en un análisis de cronograma y costo. Con este módulo puede construir su propio diagrama de red, modelar e identificar la ruta crítica, aplicar Simulación de Monte Carlo y aplicar análisis de sensibilidad dinámico para determinar el costo y cronograma bajo incertidumbre.

Gestion de Proyecto   Analítica Aplicadas   Simulación de Riesgo   Estrategia de Opciones   Valoración de Opciones   Pronóstico   Tablero de Comandos   Centro de Conocimiento

Resultados de Simulación   Superposición de Resultados   Análisis de Alternativas   Sensibilidad Dinámica

Seleccionar la Opción y la Variable de Salida para ver los resultados:

Construyendo una Casa: Cronograma Proyecto

Bar Tipo: Bar   Bar Color   Línea Índice: Ver Datos   Propiedades Personalizadas

Construyendo una Casa: Cronograma Proyecto

Frequencia

140.00
120.00
100.00
80.00
60.00
40.00
20.00
0.00

35.38   36.90   38.41   39.93   41.45   42.97

Cola Izquierda: 99% em 41.41

Mostrar líneas verticales en:

Percentiles %:   Histograma PDF   Actualizar   Calcular y Mostrar líneas en: Cola Izquierda <=
Valores de Certeza: Percentiles: 99   %
☑ Mostrar info.   Copiar Tabla   Mostrar Cuadrícula   Confianza: 41.41   %
                                                          ☑ Mostrar info.   Extraer Datos de Simulación

Estadísticos/Percentil	Valor
Ensayos	1.000
Media	36.7318
Mediana	36.6908
Desv.Estandar	1.2010
CV	3.1006%
Sesgo	0.1246
Curtosis	-0.1998
Mínimo	35.3783
Máximo	42.9666
Rango	7.5883
0%	35.3783
5%	36.8364
10%	37.1799
20%	37.6733
30%	38.0730
40%	38.4101
50%	38.6908

Nombre: Cronograma 99% Percentil

Nuevo   Modelo
Guardar como   Costos 99% Percentil
                Cronograma 99% Percentil
Editar
Guardar
Eliminar

                                    4 ◀ ▶ Decimales

☑ Al guardar, incluir los datos y los resultados simulados (esto puede resultar en más lenta respuesta y archivos de mayor tamaño)

Abrir   Guardar

Gráfico 8.5: Cronograma Simulado

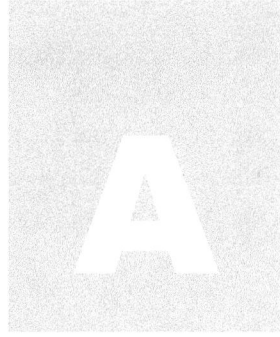

APÉNDICE A: CONCEPTOS BÁSICOS PARA INTERPRETAR PDFs, CDFs, & TABLAS ICDF

Esta nota técnica explica brevemente la función de densidad de probabilidad (PDF) para distribuciones continuas, la cual también se denomina función de masa de probabilidad (PMF) para distribuciones discretas (usamos estos términos indistintamente), donde, a partir de una distribución y sus parámetros, podemos determinar la probabilidad de ocurrencia de acuerdo con un resultado o variable aleatoria x. Además, la función de distribución acumulada (CDF) también se puede calcular, siendo ésta la suma de los valores PDF hasta este valor x. Finalmente, la función de distribución acumulada inversa (ICDF) se usa para calcular el valor x de acuerdo con la probabilidad de ocurrencia acumulada.

En matemáticas y en la simulación de riesgos de Monte Carlo, una función de densidad de probabilidad (PDF) representa una distribución de probabilidad continua en términos de integrales. Si una distribución de probabilidad tiene una densidad de $f(x)$, entonces, intuitivamente, el intervalo infinitesimal de $[x, x + dx]$ tiene una probabilidad de $f(x)dx$. La PDF, por lo tanto, se puede ver como una versión suavizada de un histograma de probabilidad; es decir, al proporcionar una muestra empíricamente grande de una variable aleatoria continua repetidamente, el histograma por medio de rangos muy estrechos se asemejará a la PDF de la variable aleatoria. La probabilidad del intervalo entre $[a, b]$ está dada por $\int_a^b f(x)dx$, lo que significa que la integral total de la función f debe ser 1.0.

Es un error común pensar en $f(a)$ cómo la probabilidad de a. De hecho, $f(a)$ a veces, puede ser mayor de 1 (considérese una distribución uniforme entre 0.0 y 0.5). La variable aleatoria x dentro de esta distribución tendrá $f(x)$ mayor de 1. La probabilidad, en realidad, es la función $f(x)dx$ tratada anteriormente, donde dx es una cantidad infinitesimal.

La función de distribución acumulada (CDF) se denota como $F(x) = P(X \leq x)$, que indica la probabilidad de que X tome un valor menor o igual a x. Cada CDF aumenta de manera monótona, es continua desde la derecha y, en los límites tiene las siguientes propiedades: $\lim_{x \to -\infty} F(x) = 0$ y $\lim_{x \to +\infty} F(x) = 1$.

Además, la CDF está relacionada con la PDF por $F(b) - F(a) = P(a \leq X \leq b) = \int_a^b f(x)dx$, donde la función PDF f es la derivada de la función CDF F. En la teoría de probabilidad, una función de masa de probabilidad o PMF da la probabilidad de que una variable aleatoriamente discreta sea exactamente igual a algún valor. La PMF difiere de la PDF en que los valores de la última, definidos solamente para variables aleatorias continuas, no son probabilidades; en lugar de eso, su integral sobre un conjunto de valores posibles de la variable aleatoria es una probabilidad. Una variable aleatoria es discreta si su distribución de probabilidad es discreta y se puede caracterizar por una PMF.

Por lo tanto, X es una variable aleatoria discreta si

$\sum_u P(X = u) = 1$

puesto que u abarca todos los posibles valores de la variable aleatoria X.

INTERPRETACIÓN DE LAS GRÁFICAS DE PROBABILIDAD

A continuación, algunos consejos que ayudan a descifrar las características de una distribución cuando se observan diferentes gráficas de PDF y CDF:

- Para cada distribución, se muestra una PDF de distribución continua como una gráfica de área (Gráfico A.1) mientras una PMF de distribución discreta se muestra como una gráfica de barras (Gráfico A.2).

- Si la distribución solo puede tomar una única forma (p.ej. las distribuciones normales siempre tienen forma de campana, con la única diferencia de que la tendencia central se mide con la media y el diferencial se mide con la desviación estándar), entonces, normalmente solo un gráfico de área de la PDF aparecerá con una gráfica traslapada de líneas de PDF (Gráfico A.3) que presentan los efectos de varios parámetros en la distribución.

- Las gráficas de CDF, o Curvas-S, se muestran como gráficas de líneas (Gráfico A.4) y, a veces, como gráficas de barras.

- La tendencia central de una distribución (p.ej. la media de una distribución normal) es su ubicación central (Gráfico A.3).

- Se mostrarán varias gráficas de área y de líneas (p.ej. distribución beta) si la distribución puede tomar múltiples formas (p.ej. la distribución beta es una distribución uniforme cuando *alfa = beta = 1*; una distribución parabólica cuando *alfa = beta = 2*; una distribución triangular cuando *alfa = 1 y beta = 2*, o viceversa; una distribución con asimetría positiva cuando *alfa = 2 and beta = 5*, y así sucesivamente). En este caso, se verán varias gráficas de área y de líneas (Gráfico A.5).

- El punto de inicio de la distribución es, a veces, su parámetro mínimo (p.ej. parabólico, triangular, uniforme, arcoseno, etc.) o su parámetro de ubicación (p.ej. la ubicación de inicio de la distribución beta es 0, pero el punto de inicio de una distribución beta 4 es el parámetro de ubicación; el Gráfico A.5 muestra una distribución beta 4 con ubicación = 10, su punto de inicio en el eje *x*).

- El punto final de la distribución es, a veces, su parámetro máximo (p.ej. parabólico, triangular, uniforme, arcoseno, etc.) o su máximo natural multiplicado por el parámetro del factor desplazado por un parámetro de ubicación (p.ej. la distribución beta original tiene un valor mínimo de 0 y un valor máximo de 1, pero una distribución beta 4 con ubicación = 10 y factor = 2 indica que el punto de inicio desplazado es 10 y el punto final es 11, y su amplitud de 1 se multiplica por un factor de 2, lo que significa que la distribución beta 4 ahora tendrá un valor final de 12, como se muestra en el Gráfico A.5).

- Las interacciones entre los parámetros, a veces, son evidentes. Por ejemplo, en la distribución beta 4, si alfa = beta, la distribución es simétrica, mientras que si tiene una asimetría más positiva, cuanto mayor sea la diferencia entre beta y alfa, y cuanto más negativa sea la asimetría, mayor será la diferencia entre alfa y beta (Gráfico A.6).

- A veces, una PDF de distribución se forma con dos o tres parámetros llamados *forma, escala* y *ubicación*. Por ejemplo, la distribución Laplace tiene dos parámetros de entrada, la ubicación alfa y la escala beta, donde alfa indica la tendencia central de la distribución (como la media en una distribución normal) y beta indica el diferencial desde la media (como la desviación estándar en una distribución normal).

- Cuanto más estrecha sea la PDF (la distribución normal del Gráfico A.3 con una media de 10 y una desviación estándar de 2), más inclinada se ve la Curva-S de la CDF (Gráfico A.4), y menor la amplitud en la curva CDF.

- Una CDF de línea recta de 45 grados (una línea recta imaginaria que conecta los puntos de inicio y final de la CDF) indica una distribución uniforme; una CDF de Curva-S con cantidades iguales por arriba y por debajo de la línea recta de 45 grados indica una curva simétrica y con forma de campana o montículo; una CDF completamente curvada por encima de la línea de 45 grados indica una distribución con asimetría positiva(Gráfico A.7), mientras que una CDF completamente curvada por debajo de la línea de 45 grados indica una distribución con asimetría negativa (Gráfico A.8).

- Una línea de CDF que se ve idéntica en forma, pero desplazada hacia la derecha o la izquierda, indica la misma distribución, pero desplazada por alguna ubicación, y una línea de CDF que empieza en el mismo punto, pero que se desplaza tanto a la izquierda como a la derecha indica un efecto multiplicativo en la distribución tal como una multiplicación de factor, como se muestra en los Gráficos A.9 y A.10.

- Una CDF casi vertical indica una alta distribución de curtosis alta con colas gordas, y donde el centro de la distribución se desplaza hacia arriba (p.ej. ver la distribución de Cauchy) frente a una CDF relativamente plana, se indica una distribución muy amplia y, tal vez, de cola plana.

- Algunas distribuciones discretas se pueden aproximar por una distribución continua si su número de pruebas es suficientemente grande y su probabilidad de éxito y fracaso es bastante simétrico (p.ej. ver las distribuciones binomiales y binomiales negativas). Por ejemplo, con un pequeño número de pruebas y una baja probabilidad de éxito, la distribución binomial tiene una asimetría positiva, mientras que alcanza una distribución normal simétrica cuando el número de pruebas es alto y la probabilidad de éxito está alrededor de 0.50.

- Muchas distribuciones son tanto flexibles como intercambiables—consulte los detalles de cada distribución por ejemplo, la binomial es Bernoulli repetida varias veces; la arcoseno y la parabólica son casos especiales de beta; la Pascal es una binomial negativa desplazada; la binomial y la Poisson alcanzan la normal en el límite; la chi-cuadrado es la suma al cuadrado de varias normales; Erlang es un caso especial de gamma; la exponencial es la inversa de la Poisson, pero en un periodo continuo; la F es la relación de dos chi-cuadrado; la gamma está relacionada con las distribuciones lognormal, exponencial, Pascal, Erlang, Poisson, y chi-cuadrado; la Laplace comprende dos distribuciones exponenciales en una; el logaritmo de una lognormal alcanza la normal; la suma de varias uniformes discretas alcanza la normal; la Pearson V es la inversa de gamma; la Pearson VI es la relación de dos gamas; la PERT es una beta modificada; muchos grados de libertad T alcanzan la normal; la Rayleigh es una Weibull modificada; y así sucesivamente.

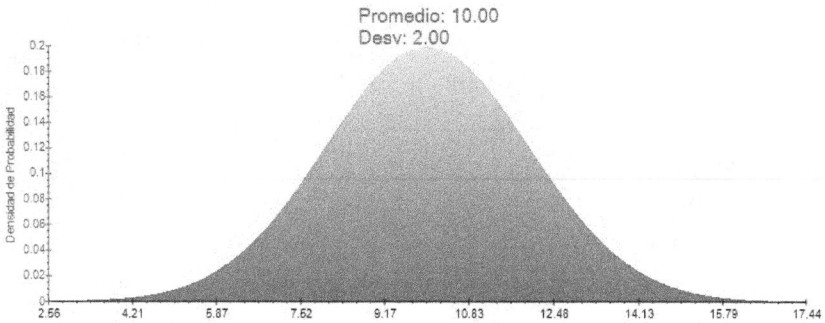

Gráfico A.1: PDF Continua (Gráfica de Área)

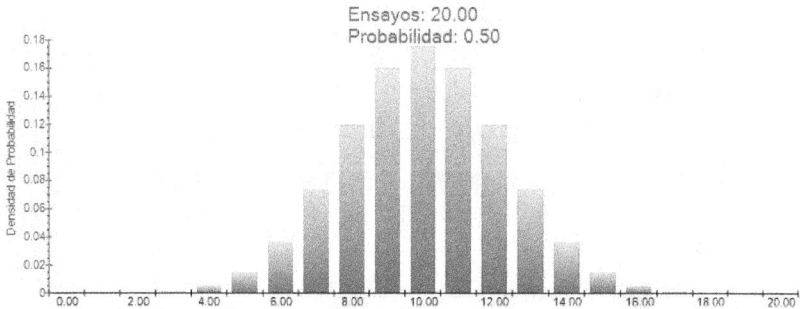

Figura A.2: PMF Discreta (Gráfica de Barras)

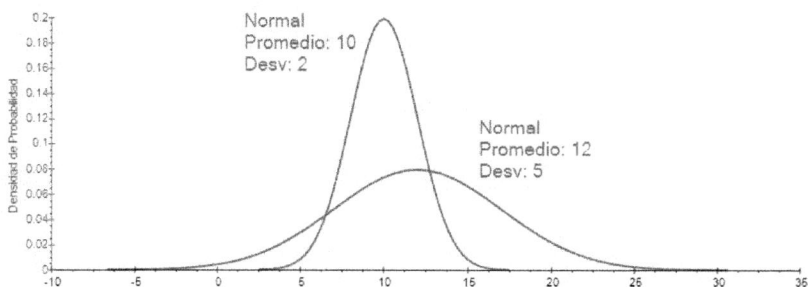

Gráfico A.3: Gráficas Traslapadas de Múltiples PDF Continuas

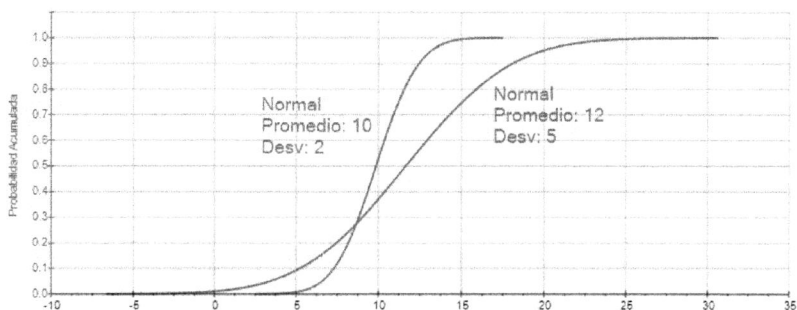

Gráfico A.4: Diagramas Traslapados de CDF

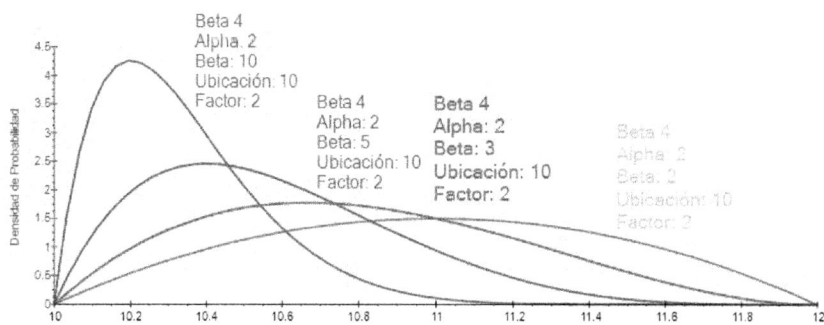

Gráfico A.5: Características PDF de la Distribución Beta

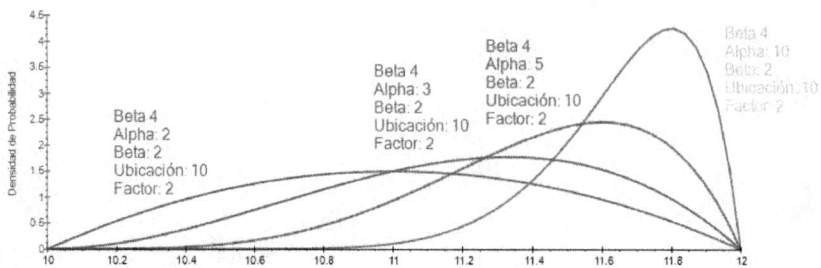

Gráfico A.6: PDF de Una Distribución Beta con Asimetría Negativa

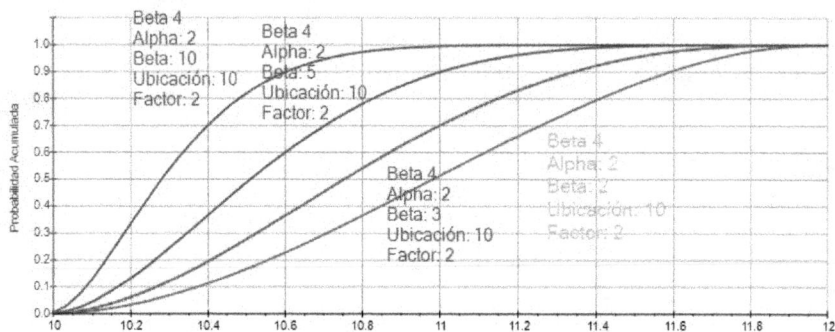

Gráfico A.7: CDF de una Distribución con Asimetría Positiva

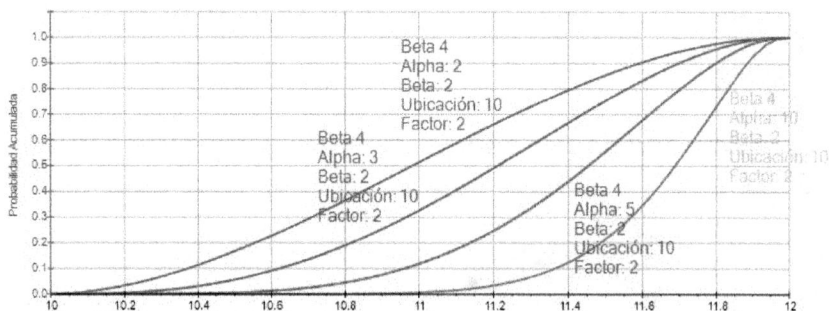

Gráfico A.8: CDF de una Distribución con Asimetría Negativa

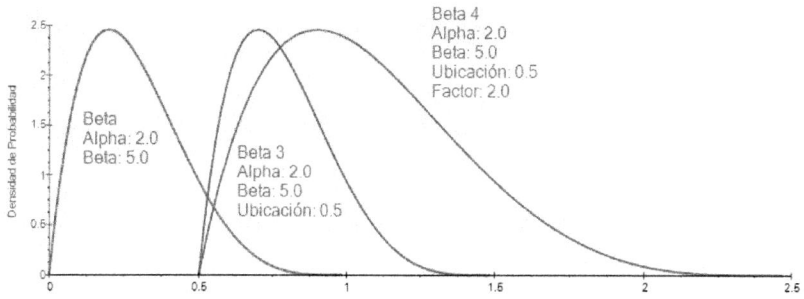

Gráfico A.9: Características PDF de un Desplazamiento

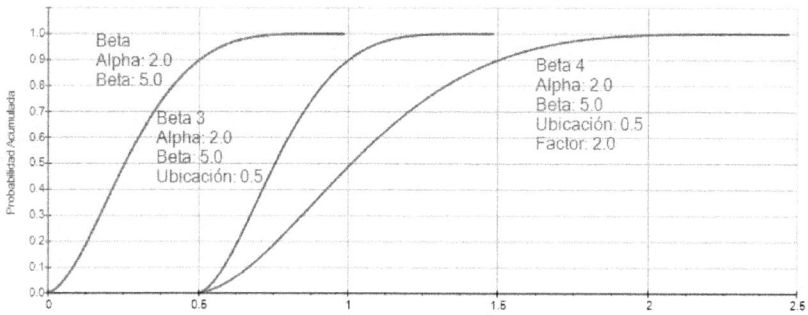

Gráfico A.10: Características CDF de un Desplazamiento

APÉNDICE B: MOMENTOS DE DISTRIBUCIÓN

El estudio de la estadística se refiere a la recopilación, presentación, análisis y utilización de datos numéricos para inferir y tomar decisiones frente a la incertidumbre y donde los datos reales de la población son desconocidos. Existen dos ramas en el estudio de la estadística: la estadística descriptiva, donde los datos se resumen y describen, y la estadística inferencial, donde la población se generaliza a través de una pequeña muestra aleatoria. Esta es útil para hacer predicciones o tomar decisiones cuando las características de la población son desconocidas.

Se puede definir una *muestra* como un subconjunto de la población que se está midiendo, mientras que la *población* se puede definir como todas las posibles observaciones de interés de una variable. Por ejemplo, si uno está interesado en las prácticas de votación de todos los electores norteamericanos registrados, todo el conjunto de cien millones de votantes registrados se considera la población, mientras que una pequeña encuesta de mil votantes registrados tomada de algunas pequeñas ciudades en todo el país es la muestra. Las características calculadas de la muestra (p.ej. media, mediana, desviación estándar) se denominan estadísticos, mientras que los *parámetros* implican que la población entera ha sido encuestada y los resultados tabulados. Por ende, en la toma de decisiones, la estadística es de vital importancia, ya que a veces la población entera es aún desconocida (p.ej. ¿Quiénes son todos sus clientes? ¿Cuál es la participación total de mercado? y así sucesivamente) o es muy difícil obtener toda la información relevante relacionada con la población ya que consumiría demasiado tiempo o recursos.

En la estadística inferencial, los siguientes son los pasos para llevar a cabo una investigación:

- Diseñar el experimento—esta fase incluye el diseño de las maneras de recolectar todos los datos posibles y relevantes.

  o Recolectar los datos de la muestra—los datos son recopilados y tabulados.

  o Analizar los datos—se realiza el análisis estadístico.

  o Estimar o Predecir –se hacen inferencias basadas en las estadísticas obtenidas.

  o Probar la hipótesis—las decisiones se ponen a prueba frente a los datos para ver los resultados.

- Determinar la bondad de ajuste—los datos reales se comparan con datos históricos para ver cuán exacta, válida y confiable es la inferencia.

- Tomar decisiones—las decisiones se toman sobre la base de los resultados de la inferencia.

Medir el Centro de la Distribución— El Primer Momento

El primer momento de una distribución de resultados mide la tasa de retorno esperada en un determinado proyecto. Mide la ubicación de los escenarios del proyecto y los posibles resultados en promedio. En términos del primer momento, los estadísticos comunes incluyen la *media* (promedio), *mediana* (el centro de la distribución), y la *moda* (el valor de más frecuente ocurrencia). El Gráfico B.1 ilustra el primer momento - en este caso, el primer momento de esta distribución se mide por la media (μ) o valor promedio.

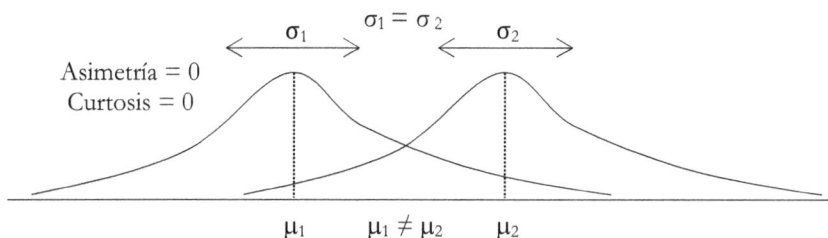

Gráfico B.1: Primer Momento

Medir el Diferencial de la Distribución— El Segundo Momento

El segundo momento mide el diferencial de una distribución, el cual es una medida de riesgo. La extensión o amplitud de una distribución indica la variabilidad de una variable, es decir, el potencial de que una variable pueda caer en diferentes regiones de la distribución—en otras palabras, los posibles escenarios de los resultados. El Gráfico B.2 ilustra dos distribuciones con primeros momentos idénticos (medias idénticas) pero segundos momentos o riesgos muy diferentes. La visualización se hace más clara en el Gráfico B.3. Como ejemplo, supongamos que hay dos acciones y los movimientos de la primera acción (ilustrado por la línea sólida) con la fluctuación más pequeña se comparan con los movimientos de la segunda acción (ilustrado por la línea punteada), con una fluctuación del precio mucho mayor . Claramente un inversionista vería la acción que tiene la fluctuación más dispersa como de mayor riesgo porque los resultados de la acción más riesgosa son relativamente más desconocidos que la acción de menos riesgosa.

El eje vertical en el Gráfico B.3 mide los precios de las acciones, por ende, la acción más riesgosa tiene un rango más amplio de posibles resultados. Este rango se traduce en la amplitud de la distribución (el eje horizontal) en el Gráfico B.2, donde la distribución más amplia representa el activo más riesgoso. De ahí que, la amplitud o diferencial de una distribución mida los riesgos de una variable. Cabe anotar que en el Gráfico B.2, ambas distribuciones tienen primeros momentos o tendencias centrales idénticas, pero claramente las distribuciones son muy diferentes. Esta diferencia en la amplitud de la distribución es medible. Matemática y estadísticamente, la amplitud o el riesgo de una variable se pueden medir a través de diferentes estadísticos, incluyendo el rango, la desviación estándar (σ), la varianza, el coeficiente de variación, y los percentiles.

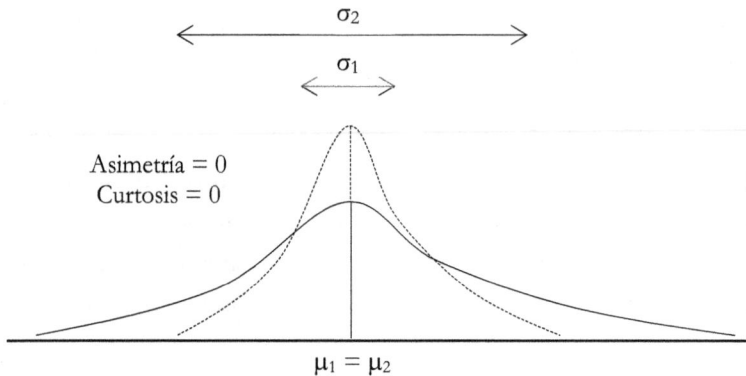

Gráfico B.2: Segundo Momento

Precios

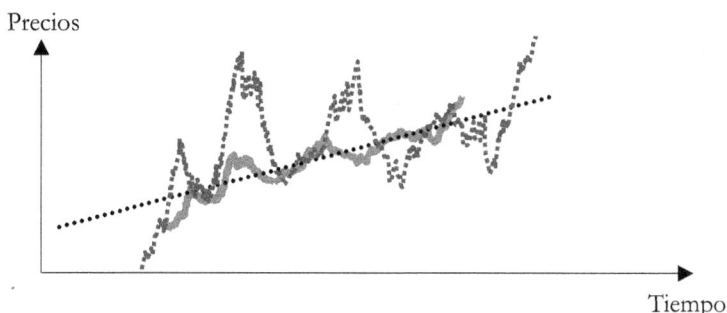

Tiempo

Varianza y Desviación Estándar

La varianza y la desviación estándar son dos medidas comunes del segundo momento. La varianza es el promedio de las desviaciones al cuadrado respecto de sus medias en unidades al cuadrado:

$$\sigma^2 = \sum_{i=1}^{N} \frac{(x_i - \mu)^2}{N} \; y \; s^2 = \sum_{i=1}^{n} \frac{(x_i - \bar{x})^2}{n-1}$$

La desviación estándar está en unidades originales y, por ende, es útil como un medio directo de comparación de la dispersión y la variabilidad medidas en las mismas unidades:

$$\sigma = \sqrt{\sum_{i=1}^{N} \frac{(x_i - \mu)^2}{N}} \; y \; s = \sqrt{\sum_{i=1}^{n} \frac{(x_i - \bar{x})^2}{n-1}}$$

Aunque la desviación estándar y las varianzas tienen muchos usos, éstos son limitados porque sus medidas están en las mismas unidades y, por ende, se consideran valores absolutos del riesgo.

Coeficiente de Variación

El coeficiente de variación (CV) no tiene unidades y mide la variabilidad relativa. De esta manera, permite hacer la comparación de dos conjuntos de datos para conocer cuál tiene más variabilidad sin preocuparse por las unidades. Comparativamente, las desviaciones estándar son medidas absolutas de variabilidad y dependen, en gran medida, de la unidad de medida de los datos.

$$CV = \frac{s}{\bar{x}} \ o \ CV = \frac{\sigma}{\mu}$$

EJEMPLO

Estadística	# en la familia	Gastos en Alimentos ($)
$\bar{x}$	3.23	$110.5
s	1.34	$25.25

¿Cuál presenta más variación, el número de miembros de la familia o los gastos en alimentos?

CV en la familia = 1.34/3.23 = 0.415

CV en gastos = 25.25/110.25 = 0.229

Los cálculos demuestran que existe una mayor variación en el número de miembros de la familia.

Medir la Asimetría de la Distribución— El Tercer Momento

El tercer momento mide la asimetría de la distribución, es decir, que tan desplazada esta la distribución hacia un lado u otro. El Gráfico B.4 muestra una asimetría negativa o izquierda (la cola de la distribución apunta hacia la izquierda) y el Gráfico B.5 muestra una asimetría positiva o derecha (la cola de la distribución apunta hacia la derecha). La media siempre esta sesgada hacia la cola de la distribución, mientras que la mediana permanece constante. Otra forma de ver esto es que la media se mueve, pero la desviación estándar, varianza, o amplitud podrían permanecer constantes. Si el tercer momento no se tiene en cuenta, entonces el examinar solamente los retornos esperados (media) y el riesgo (desviación estándar), ¡un proyecto con asimetría positiva podría escogerse incorrectamente! Por ejemplo, si el eje horizontal representa las ganancias netas de un proyecto, entonces claramente una distribución con asimetría negativa o a la izquierda, sería mejor, ya que existe una mayor probabilidad de tener ganancias mejores (Gráfico B.4) en comparación con una mayor probabilidad para un nivel menor de ganancias (Gráfico B.5). Así, en una distribución asimétrica, la mediana es una mejor medida de los retornos, ya que las medianas para los Gráficos B.4 y B.5 son idénticas, los riesgos son idénticos y, por lo tanto, un proyecto con una distribución de asimetría negativa de rentabilidades netas es una mejor opción. El no tomar en cuenta la asimetría de la distribución de un proyecto puede significar que el proyecto sea elegido de manera incorrecta (p.ej. dos proyectos pueden tener el primer y el segundo momento idénticos, es decir, que ambos tengan retornos y perfiles de riesgo idénticos, pero sus asimetrías de distribución pueden ser muy diferentes). La Asimetría se calcula como:

$$Asimetría = \frac{n}{(n-1)(n-2)} \sum_{i=1}^{n} \left(\frac{x_i - \bar{x}}{s}\right)^3$$

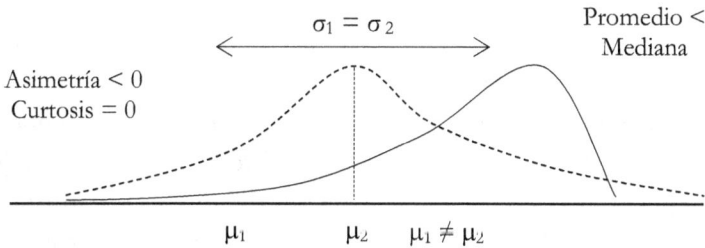

Gráfico B.4: Tercer Momento (Asimetría Izquierda)

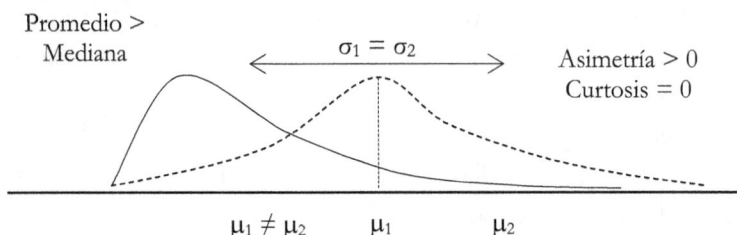

Promedio >
Mediana

$\sigma_1 = \sigma_2$

Asimetría > 0
Curtosis = 0

$\mu_1 \neq \mu_2$ μ_1 μ_2

Figura B.5: Tercer Momento (Asimetría Derecha)

Medir la Cola de Eventos Extremos en una Distribución—El Cuarto Momento

El cuarto momento o curtosis, mide lo apuntada que es la distribución. El Gráfico B.6 ilustra este efecto. El fondo es una distribución normal con una curtosis de 3.0 o un exceso de curtosis de 0 (Curtosis XS se define como la diferencia de curtosis de una distribución normal). La nueva distribución tiene mayor curtosis, por lo que el área debajo de la curva es más gruesa en las colas y con menos área en el cuerpo central. Esta condición ejerce mayores impactos en el análisis de incertidumbre porque para las dos distribuciones en el Gráfico B.6, los tres primeros momentos (media, desviación estándar y asimetría) pueden ser idénticos, pero el cuarto momento (curtosis) es diferente. Esto significa que aunque los retornos esperados y las incertidumbres son idénticas, las probabilidades de ocurrencia de eventos extremos y catastróficos (grandes pérdidas o grandes ganancias potenciales) son mayores para una distribución con alta curtosis (p.ej. los retornos del mercado bursátil se comportan como una distribución leptocúrtica o tienen una curtosis alta). El ignorar la curtosis de los retornos de un proyecto puede ser perjudicial. La curtosis se define como:

$$Curtosis = \frac{n(n+1)}{(n-1)(n-2)(n-3)} \sum_{i=1}^{n} \left(\frac{x_i - \bar{x}}{s}\right)^4 - \frac{3(n-1)^2}{(n-2)(n-3)}$$

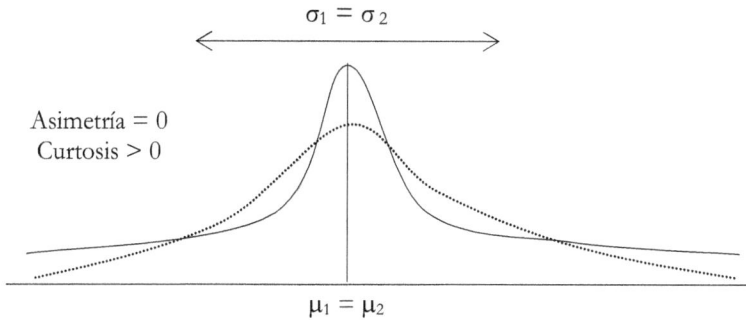

Gráfico B.6: Cuarto Momento

La mayoría de las distribuciones se pueden definir por cuatro momentos. El primer momento describe la ubicación de una distribución o tendencia central (valor esperado), el segundo momento describe su amplitud o diferencial (incertidumbre), el tercer momento su asimetría direccional (eventos más probables), y el cuarto momento, su apuntamiento o grosor en las colas (eventos extremos catastróficos de cola). Los cuatro momentos deben ser calculados e interpretados para proporcionar una visión más integral del proyecto objeto de análisis.

APÉNDICE C: SIMULACIÓN DE RIESGOS DE MONTE CARLO

La simulación de Monte Carlo, llamada así por la capital de Mónaco famosa por sus juegos de azar, es una muy potente metodología. Para el principiante en el análisis de riesgos, la simulación permite resolver problemas difíciles y complejos, pero a la vez prácticos, con gran facilidad. Tal vez, el uso más famoso y temprano de la simulación de Monte Carlo fue por el físico y premio Nobel, Enrico Fermi en 1930 (algunas veces referenciado como el padre de la bomba atómica) cuando utilizó un método aleatorio para calcular las propiedades del recién descubierto neutrón. Los métodos de Monte Carlo fueron centrales en las simulaciones que se requerían para el Proyecto Manhattan. En los años cincuenta se utilizó la simulación de Monte Carlo en Los Álamos para el trabajo relacionado con el desarrollo de la bomba de hidrógeno y se popularizó en los campos de la física y en la investigación de operaciones. En aquel tiempo, La Corporación RAND y la Fuerza Aérea de los Estados Unidos fueron dos de las principales organizaciones responsables del financiamiento y la difusión de la información acerca de los métodos de Monte

Carlo. En ese tiempo y hoy en día, existe una amplia aplicación de la simulación de Monte Carlo en diferentes campos incluyendo la ingeniería, física, investigación y desarrollo, negocios y finanzas.

De una manera simplista, la simulación de Monte Carlo crea futuros artificiales al generar miles e incluso cientos de miles de rutas de muestra de resultados y analiza sus características predominantes. En la práctica, los métodos de simulación de Monte Carlo se utilizan para analizar y cuantificar los riesgos, hacer el análisis de sensibilidad y predecir. Una alternativa a la simulación es el uso de modelos matemáticos estocásticos de forma cerrada altamente complejos. Para los analistas en una compañía, tomar cursos de matemática y estadística avanzada a nivel universitario no es lógico ni práctico. Un analista brillante usaría todas las herramientas disponibles a su disposición para obtener la misma respuesta de la forma más fácil y práctica posible. En todos los casos, cuando la simulación de Monte Carlo se modela correctamente, ésta provee respuestas similares a la de los más sofisticados modelos matemáticos. Adicionalmente, hay muchas aplicaciones de la vida real en las que los modelos de forma cerrada no existen y el único recurso es aplicar métodos de simulación. Entonces, ¿Qué es exactamente la simulación de Monte Carlo y cómo funciona?

¿Qué es Simulación?

Hoy en día, los computadores de alta velocidad han permitido lograr muchos cálculos complejos que antes eran aparentemente imposibles de resolver. Para los científicos, ingenieros, estadísticos, administradores y analistas de negocios, entre otros, los computadores han hecho posible crear modelos que simulan la realidad y ayudan a hacer predicciones. Uno de estos modelos se utiliza para simular sistemas reales, al tener en cuenta la aleatoriedad y las futuras incertidumbres por medio de la investigación de cientos e incluso miles de escenarios diferentes. Los resultados luego son compilados y usados para tomar decisiones. De todo esto se trata la simulación de Monte Carlo.

En su forma más simple, la simulación de Monte Carlo es un generador de números aleatorios útil para pronosticar, estimar y realizar análisis de riesgo. Una simulación, calcula múltiples escenarios de un modelo al escoger repetidamente valores de una *distribución de probabilidad* predefinida por el usuario para las variables inciertas y luego utiliza estos valores en el modelo. Como todos esos escenarios producen resultados asociados en un modelo, cada escenario puede tener un pronóstico. Los pronósticos son eventos (usualmente con fórmulas o funciones) que se definen como resultados importantes del modelo.

Piense en que el enfoque de la simulación de Monte Carlo es como escoger bolas de golf de una canasta repetidamente y con reposición. El tamaño y la forma de la canasta dependen de la distribución del *Supuesto de Entrada* (p.ej. una distribución normal con una media de 100 y una desviación estándar de 10, versus una distribución uniforme o una distribución triangular) donde algunas canastas son más profundas o más simétricas que otras, permitiendo a ciertas bolas ser sacadas con mayor frecuencia que otras. El número de bolas sacadas repetidamente depende del número de *Pruebas* simuladas. Para un modelo grande con múltiples supuestos relacionados, imagínelo como una canasta muy grande, en la residen muchas canastas bebés en su interior. Cada canasta bebé tiene su propio conjunto de bolas de golf de colores que están rebotando alrededor. Algunas veces estas canastas bebé están enlazadas entre ellas (si hay una *Correlación* entre las variables), forzando a las bolas de golf a rebotar simultáneamente, mientras que en otros casos sin correlación, las bolas rebotan independientemente unas de las otras. Las bolas que son escogidas cada vez a partir de estas interacciones dentro del modelo (la canasta grande) son tabuladas y registradas, generando un *Pronóstico de Salida* como resultado de la simulación.

Entender las Distribuciones de Probabilidad

Está sección demuestra el poder de la simulación de riesgos de Monte Carlo, pero para comenzar con la simulación, se necesita primero entender el concepto de distribuciones de probabilidad. Esta sección continúa utilizando el software *Risk Simulator* del autor y demuestra cómo se puede implementar la simulación, de manera fácil y sin esfuerzos, en un modelo existente de Excel. Existe una prueba limitada de la versión del software *Risk Simulator* (para obtener una versión permanente, por favor ingrese a *www.realoptionsvaluation.com*). Los profesores pueden obtener licencias semestrales gratuitas para el laboratorio de informática tanto para ellos como para sus estudiantes si esta simulación/software de *Options Valuation* se utiliza y enseñan a toda una clase.

Para empezar a comprender la probabilidad, tenga en cuenta este ejemplo: Usted quiere observar la distribución de salarios no exentos dentro de un departamento de una gran compañía. Primero, reúne los datos crudos—en este caso, los salarios de cada empleado no-exento en el departamento. Segundo, organiza los datos en un formato adecuado y grafica los datos como una distribución de frecuencias en una gráfica. Para crear una distribución de frecuencia, divida los salarios en grupos de intervalos y enumere estos intervalos en el eje horizontal de la gráfica. Después enumere el número o frecuencia de empleados en cada intervalo en el eje vertical de la gráfica. Ahora ya puede ver fácilmente la distribución de los salarios no-exentos dentro del departamento.

Un vistazo a la tabla en el Gráfico C.1 revela que los empleados devengan entre USD$7.00 y USD$9.00 por hora. Usted puede graficar estos datos como una distribución de probabilidad. Una distribución de probabilidad muestra el número de empleados en cada intervalo como una fracción del número total de empleados. Para crear una distribución de probabilidad, se divide el número de empleados en cada intervalo por el número total de empleados y se enumeran los resultados en el eje vertical de la gráfica.

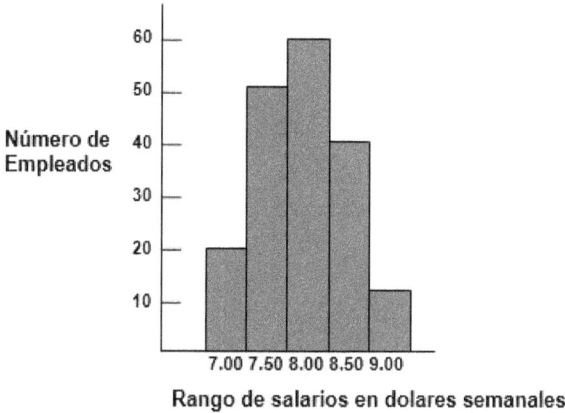

Gráfico C.1: Histograma de Frecuencia I

La tabla en el Gráfico C.2, muestra el número de empleados en cada grupo de salario como una fracción de todos los emplea- dos. Puede estimar la probabilidad de que un empleado seleccionado al azar del grupo entero devenga un salario dentro de un dado intervalo. Por ejemplo, suponiendo que existen las mismas condiciones al momento de tomar la muestra, la probabi- lidad es de 0.20 (una oportunidad uno en cinco) de que un empleado seleccionado al azar del grupo entero gane entre $8.50 la hora).

Las distribuciones de probabilidad pueden ser discretas o continuas. Las *Distribuciones de Probabilidad Discreta* describen valo- res distintos, usualmente enteros, sin valores intermedios y se muestran como una serie de barras verticales. Una distribución discreta, por ejemplo, puede describir el número de caras en cua- tro lanzamientos de una moneda como 0, 1, 2, 3, y 4. Las *Distribuciones de Probabilidad Continua* son realmente abstracciones matemáticas porque suponen la existencia de todo valor interme- dio posible entre dos números; es decir, una distribución continua supone que hay un número infinito de valores entre cualesquiera dos puntos en la distribución. Sin embargo; en muchas situaciones, se puede utilizar eficazmente una distribución continua para aproximar una distribución discreta aunque el modelo continuo no necesariamente describe la situación con exactamente.

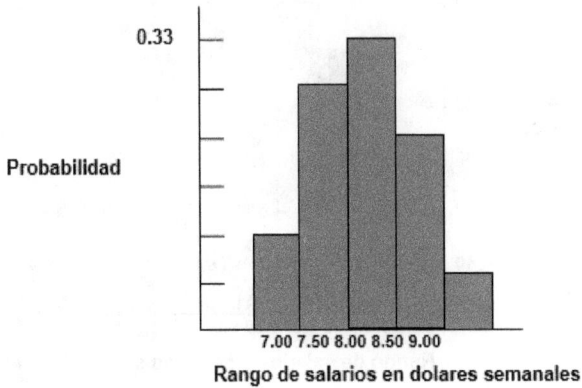

Gráfico C.2: Histograma de Frecuencia II

Seleccionar una Distribución de Probabilidad

El graficar los datos es un método para seleccionar una distribución de probabilidad. Los pasos siguientes proporcionan otro proceso para seleccionar las distribuciones de probabilidad que mejor describen las variables inciertas en sus hojas de cálculo. Con el fin de seleccionar la distribución de probabilidad correcta, siga los pasos a continuación:

- Mire la variable en cuestión. Enumere todo lo que sepa acerca de las condiciones alrededor de esta variable. Podría ser capaz de reunir valiosa información acerca de la variable incierta a partir de los datos históricos. Si los datos históricos no están disponibles, use su propio criterio, con base en la experiencia, al enumerar todo lo que conozca sobre la variable incierta.

- Revise las descripciones de las distribuciones de probabilidad.

- Seleccione la distribución que caracteriza esta variable. Una distribución caracteriza una variable cuando las condiciones de la distribución coinciden con las de la variable.

De manera alternativa, si usted tiene datos históricos, comparables, contemporáneos, o de pronóstico, puede utilizar los módulos de ajuste de distribución del *Risk Simulator* para encontrar el mejor ajuste estadístico para sus datos existentes. Este proceso de ajuste aplicará algunas técnicas estadísticas avanzadas para encontrar la mejor distribución y sus parámetros relevantes que describen los datos.

Distribuciones Comúnmente Utilizadas en la Gestión de Proyectos

Existen más de 50 distribuciones de probabilidad disponibles en el *Risk Simulator,* pero sólo unas pocas se utilizan comúnmente en la gestión de proyectos. A continuación, encontrará un listado detallado solamente de los tipos de distribuciones continuas de probabilidad que se pueden utilizar en la simulación de Monte Carlo.

Distribución Lognormal

La distribución lognormal es ampliamente utilizada en situaciones en donde los valores tienen una asimetría positiva, por ejemplo, en el análisis financiero para valoración de seguridad o en bienes raíces para avalúo de propiedades, y donde los valores no pueden descender por debajo de cero.

Los precios de las acciones tienen usualmente una asimetría positiva en vez de una distribución normal (simétrica). Los precios de las acciones muestran está tendencia porque no pueden descender por debajo de cero, pero podrían ascender a cualquier precio sin límites. Similarmente, los precios de los bienes raíces ilustran una asimetría positiva con una distribución lognormal ya que los valores inmobiliarios no pueden ser negativos.

Las condiciones subyacentes a la distribución lognormal son:

- La variable incierta puede aumentar sin límites, pero no puede descender por debajo de cero.

- La variable incierta tiene una asimetría positiva, con la mayoría de los valores cercanos al límite inferior.

- El logaritmo natural de la variable incierta produce una distribución normal.

Generalmente, si el coeficiente de variabilidad es mayor a 30%, use una distribución lognormal. De otra manera, use una distribución normal.

Los principios matemáticos para a distribución lognormal son los siguientes:

$$f(x) = \frac{1}{x\sqrt{2\pi}\,ln(\sigma)}\, e^{\frac{-[ln(x)-ln(\mu)]^2}{2[ln(\sigma)]^2}} \quad para\, x > 0;\ \mu > 0\ y\ \sigma > 0$$

$$Media\ = exp\left(\mu + \frac{\sigma^2}{2}\right)$$

$$Desviación\ Estándar\ = \sqrt{exp(\sigma^2 + 2\mu)\,[exp(\sigma^2) - 1]}$$

$$Asimetría\ = \left[\sqrt{exp(\sigma^2) - 1}\right](2 + exp(\sigma^2))$$

$$Exceso\ de\ Curtosis\ = exp\ (4\sigma^2) + 2\,exp\ (3\sigma^2) + 3\,exp\ (2\sigma^2) - 6$$

Media (μ) y desviación Estándar (σ) son los parámetros de distribución.

Requisitos de entrada: Media y desviación estándar ambas > 0 y pueden ser cualquier valor positivo.

Conjuntos de Parámetros Lognormales: Por defecto, la distribución lognormal usa la media aritmética y la desviación estándar. Para las aplicaciones en que los datos históricos están disponibles, es más apropiado usar, ya sea, la media logarítmica y la desviación estándar, o la media geométrica y la desviación estándar.

Distribución Lognormal 3

La distribución lognormal 3 utiliza los mismos principios que la distribución lognormal original, pero agrega un parámetro de ubicación, o desplazamiento. La distribución lognormal se inicia desde un valor mínimo de 0, mientras que esta distribución lognormal 3 o lognormal desplazada, desplaza la ubicación inicial hacia cualquier otro valor.

La media, la desviación estándar, y la ubicación (desplazamiento) son los parámetros de distribución. Requisitos de entrada:

Media > 0 y *Desviación Estándar* > 0

La ubicación puede ser cualquier valor positivo o negativo incluyendo el cero.

Distribución Normal

La distribución normal es la distribución la más importante en teoría de la probabilidad porque describe muchos fenómenos naturales, tales como el CI de las personas o su altura. Los tomadores de decisiones pueden usar la distribución normal para describir variables inciertas tales como la tasa de inflación o el precio futuro de la gasolina.

Las tres condiciones subyacentes de la distribución normal son:

- Algún valor de la variable incierta es el más probable (la media de la distribución).

- La variable incierta podría probablemente estar por encima de la media, así como podría estar por debajo de ella (simétrica en relación a la media).

- La variable incierta es más probable que esté alrededor de la media que alejada.

Los principios matemáticos para la distribución normal son los siguientes:

$$f(x) = \frac{1}{\sqrt{2\pi}\sigma} e^{\frac{-(x-\mu)^2}{2\sigma^2}}$$ para todos los valores de x y μ; *mientras* $\sigma > 0$

Media $= \mu$

Desviación Estándar $= \sigma$

Asimetría $= 0$ (para todas las medias y la desviación estándar)

Exceso de Curtosis $= 0$ (para todas las medias y la desviación estándar)

Media (μ) y desviación estándar (σ) son los parámetros de la distribución. Requisitos de entrada: *Desviación Estándar* > 0 y puede ser cualquier valor positivo mientras que la media puede ser cualquier valor.

Distribución PERT

La distribución PERT es ampliamente utilizada en la gestión de proyectos y programas para definir el peor de los casos, casos nominales, y los casos ideales en los plazos de ejecución de un proyecto. Se relaciona con las distribuciones beta y triangular. La distribución PERT se puede utilizar para identificar los riesgos en proyectos y modelos de costos con base en la probabilidad de cumplimiento de objetivos y metas a lo largo de cualquier número de componentes del proyecto utilizando valores mínimos, más probables y máximos, pero está diseñada para generar una distribución que más se parezca a las distribuciones de probabilidad realistas. La distribución PERT puede proporcionar un ajuste cercano a las distribuciones normales o lognormales. Al igual que la distribución triangular, la distribución PERT hace hincapié en el valor *más probable* sobre las aproximaciones mínimas y máximas. Sin embargo, a diferencia de la distribución triangular, la distribución PERT construye una curva suave que progresivamente hace más énfasis en los valores alrededor (cerca del) valor más probable, en favor de los valores alrededor de los bordes. En la práctica, esto significa que *confiamos* la aproximación al valor más probable, y creemos que, aunque no sea justamente exacta (como pocas veces lo son las estimaciones), tenemos la expectativa de que el valor resultante estará cercano a la estimación. Suponiendo que muchos fenómenos del mundo real tienen una distribución normal, lo llamativo de la distribución PERT es que produce una curva similar en forma a la curva normal, sin conocer los parámetros precisos de la curva normal relacionada. Los parámetros mínimos, más probables y máximos son los parámetros de distribución.

Los principios matemáticos para la distribución PERT aparecen a continuación:

$$f(x) = \frac{(x - Min)^{A1-1}(Max - x)^{A2-1}}{B(A1, A2)(Max - Min)^{A1+A2-1}}$$

$$donde \ A1 = 6\left[\frac{\frac{Min + 4(Likely) + Max}{6} - Min}{Max - Min}\right] y \ A2$$

$$= 6\left[\frac{Max - \frac{Min + 4(Likely) + Max}{6}}{Max - Min}\right]$$

y B es la función Beta

$$Media = \frac{Min + 4Moda + Max}{6}$$

$$Desviación \ Estándar = \sqrt{\frac{(\mu - Min)(Max - \mu)}{7}}$$

$$Asimetría = \sqrt{\frac{7}{(\mu-Min)(Max-\mu)}} \left(\frac{Min+Max-2\mu}{4}\right)$$

El exceso de Curtosis es una función compleja y no se puede calcular fácilmente. Los requisitos de entrada: *Min* ≤ *más probable* ≤ *Max* y pueden ser positivos, negativos o cero.

DESCARGA & INSTALACIÓN DEL SOFTWARE

Debido a que las versiones actuales del software se actualizan continuamente, le recomendamos muy especialmente que visite el sitio Web de Real Options Valuation, Inc., y siga las instrucciones a continuación para instalar las aplicaciones más recientes del software:

- **Paso 1:** Visite **www.realoptionsvaluation.com** y pulse **Descargas** y **Descarga Software** (Gráfico A). Aquí deberá registrarse. Por favor primero regístrese si es un usuario de primera vez (Gráfico B) y de esta manera recibirá un correo electrónico automático en pocos minutos. (Si usted no recibe este correo electrónico de registro después de registrarse, por favor envíe una nota al siguiente email:support@realoptionsvaluation.com). Mientras recibe el correo electrónico automático, explore esta página y vea los videos de iniciación, los estudios de caso y los modelos de muestra, los cuales puede descargar gratuitamente.

- **Paso 2:** Regrese a este sitio e INGRESE utilizando las credenciales de ingreso que recibió por correo electrónico. Descargue e instale las versiones más recientes del **Risk Simulator** y de **Real Options SLS** en esta página Web. Los enlaces para la descarga, las instrucciones de instalación y la información de ID del Hardware también aparecen en esta página (Gráfico C).

- **Paso 3:** Después de instalar el software, inicie Excel y verá una cinta de Risk Simulator. Siga los pasos que aparecen en la página Web para obtener las instrucciones y enviarnos un correo electrónico a support@realoptionsvaluation.com con su ID del Hardware. Mencione el código "**MR3E 30 Days**" para recibir una licencia extendida y gratuita por 30 días que podrá utilizar tanto en el software de Risk Simulator como en el de Real Options SLS.

← → ↻ ⊕ www.realoptionsvaluation.com/getting started and modelling videos/

🔲 ☆ | Testimonials | FAQ | Global Partners | Contact Us

in 🔲 f G 🔲 | 🌐 English 🔲 Chinese (Simplified) 🔲 Chinese (Traditional) 🔲 French 🔲 German 🔲 Italian
⊛ Japanese ⚬ Korean 🔲 Portuguese (Brazil) 🔲 Russian 🔲 Spanish

Real Options Valuation

CQRM CERTIFICATE | TRAINING | CONSULTING | SOFTWARE | BOOKS | DOWNLOADS | PURCHASE |

0 items · $0.00

SOFTWARE DOWNLOADS

GETTING STARTED AND
MODELLING VIDEOS

PRODUCT BROCHURES

SAMPLE MODELS

WHITEPAPERS AND CASE STUDIES

DOWNLOAD CENTER

You can also visit our mirror download site if you have problems downloading from this page

Welcome to Real Options Valuation, Inc.'s download center. Here you will be able to download _____ versions of the software you have purchased (license information required to install these full versions), product brochures, case _____ ple training videos to help you get started in using our software, as well as sample Excel models to use with Risk Simulator and Re... _____ ftware.

GETTING STARTED AND MODELING VIDEOS

The following are some live-motion and voice narrated videos which are playable on your computer using Windows Media Player or other video players capable of WMV playback. You can simply click on any of these links below to view the streaming videos.

ROV SOFTWARE GETTING STARTED VIDEOS

We also have some more detailed Risk Analysis and Risk Simulator software getting started videos that you can download and watch. These videos total about 2 hours. For even more detailed training, please check out our set of 12 Training DVDs (over 30 hours) or our hands-on Certified in Risk Management seminars (4 days). The following are updated detailed getting started videos on Risk Simulator, featuring all the new tools such as Auto ARIMA, GARCH, JS Curves, Cubic Spline, Maximum Likelihood, Data Diagnostics, Statistical Analysis, Modeling Toolkit, and more...

Gráfico A: Paso 1 – Sitio de Descarga del Software

DOWNLOAD CENTER

You can also visit our mirror download site if you have problems downloading from this page

Welcome to Real Options Valuation, Inc.'s download center. Here you will be able to download trial versions of our software, full versions of the software you have purchased (license information required to install these full versions), product brochures, case studies and white papers, and sample training videos to help you get started in using our software, as well as sample Excel models to use with Risk Simulator and Real Options Super Lattice Solver software.

YOU ARE REQUIRED TO LOGIN TO VIEW THIS PAGE.

Username

Password

LOG IN

REGISTER

Gráfico B: Registro de Primera Vez del Visitante

☐ English ▓ Chinese (Simplified) ▓ Chinese (Traditional) ▮▮ French ▬ German ▮▮ Italian
● Japanese ✳ Korean ▧ Portuguese (Brazil) ▬ Russian ☲ Spanish

CORM CERTIFICATE | TRAINING | CONSULTING | SOFTWARE | BOOKS | DOWNLOAD | PURCHASE |

Real Options Valuation

0 item's $0.00

FULL & TRIAL VERSION DOWNLOAD:

Download Risk Simulator 2018 – Auto Installer
Download Risk Simulator 2018 – Auto Installer (mirror site)
Download Risk Simulator 2018 – For 32 Bit Excel
Download Risk Simulator 2018 – For 32 Bit Excel (mirror site)
Download Risk Simulator 2018 – For 64 Bit Excel
Download Risk Simulator 2018 – For 64 Bit Excel (mirror site)

Download OLDER version of Risk Simulator 2014 [WIN x64 and Excel x32 edition]
Download OLDER version of Risk Simulator 2014 [WIN x64 and Excel x32 edition] (mirror site)

This is a full version of the software but will expire in 15 days, during which time you can purchase a license to permanently unlock the software. Please first uninstall all previous versions of Risk Simulator before installing this newer version.

To permanently unlock the software, purchase a license and e-mail us your Hardware ID (after installing the software, start Excel, click on Risk Simulator, License, and e-mail admin@realoptionsvaluation.com the 16 to 20 digit Hardware ID located on the bottom left of the splash screen). We will then e-mail you a permanent license file. Save this file to your hard drive, start Excel, click on Risk Simulator, License, Install License and point to the location of this license file, restart Excel and you are now permanently licensed. Installing the license only takes a few seconds.

SYSTEM REQUIREMENTS, FAQ, AND ADDITIONAL RESOURCES:

* Windows 7, 8, and 10 (32 and 64 bits)
* Microsoft Excel 2010, 2013, or 2016
* 2GB RAM Minimum (4 GB recommended)
* 600 MB Hard Drive
* Administrative Rights to install software
* Microsoft .NET Framework 2.0, 3.0, 3.5 or later
* MAC OS users will require either Virtual Machine or Parallels running Microsoft Excel

Gráfico C: Descargar Enlaces e Instrucciones del ID del Hardware

ÍNDICE

www.ingramcontent.com/pod-product-compliance
Lightning Source LLC
Chambersburg PA
CBHW060036210326
41520CB00009B/1145